BREVE HISTORIA DE LAS CRUZADAS

BREVE HISTORIA DE LAS CRUZADAS

Juan Ignacio Cuesta

Colección: Breve Historia
www.brevehistoria.com

Título: Breve historia de las cruzadas
Autor: ©Juan Ignacio Cuesta

Doña Juana I de Castilla 44, 3° C, 28027 Madrid
www.nowtilus.com

Editor: Santos Rodríguez
Coordinador editorial: José Luis Torres Vitolas

Diseño y realización de cubiertas: Carlos Peydró
Maquetación: Juan Ignacio Cuesta

ISBN-13: 978-84-9763-819-7
Fecha de edición: Mayo 2009

Printed in Spain
Imprime: Imprenta Fareso S.A.
Depósito legal: M. 14.658-2009

Bienaventurados los mansos,
porque ellos heredarán la Tierra.

Jesús de Nazaret

Una cosa sabemos, su Dios
es nuestro Dios.

Noah Seattle,
jefe de la tribu de los Suquamish

ÍNDICE

A Mari Cruz, María y Víctor

A Fernando Jiménez del Oso
y a Juan Antonio Cebrián, In memoriam

A Silvia y Alejandro

A los Caballeros del Sertao

A Duende, mi pequeño perrito

A todos los que me aguantan

Prólogo

Juan Antonio Cebrián

presenta

LAS CRUZADAS, LA GRAN EMPRESA BÉLICA DE LA CRISTIANDAD

DURANTE CASI DOS SIGLOS Europa occidental anheló el sueño de conquistar las tierras por las que anduvo predicando Jesús de Nazaret. Entre los siglos XI y XIII se libraron ocho Cruzadas de mayor o menor magnitud en las que miles de guerreros cristianos batallaron contra el Islam en la esperanza de encontrar acomodo relevante en el reino de los cielos. Cada uno de los diferentes investigadores que se han acercado a este impresionante evento histórico ha encontrado momentos y circunstancias que han hecho de tal o cual cruzada su predilecta. En la Primera Cruzada, iniciada formalmente el jueves 27 de noviembre de 1095, seguramente lo que más llamó la atención de los exégetas fue la gran convocatoria efectuada por el Papa Urbano II. La excelente acogida de sus palabras y el fervor religioso de los guerreros de Cristo provocaron la formación de cinco ejércitos convencionales provenientes de Francia, Italia, Flandes.... y uno tan peculiar como extraño integrado por los seguidores de Pedro el Ermitaño, un fraile francés que logró reunir a miles de parias y campesinos conduciéndoles a duras penas a las murallas de Jesusalén, donde, por cierto, apenas llegaron unos pocos. Muchos historiadores prefieren la Segunda en la que participó mi querida Leonor de Aquitania para disgusto de su primer esposo el rey de Francia. En esta ocasión la fogosa occitana se hizo presente en Tierra Santa con más de mil damiselas y plebeyas que hicieron las delicias de la soldadesca. La Tercera Cruzada fue posiblemente la más sonora por la impresionante figura del rey británico Ricardo Corazón de León. Sus batallas contra Saladino y también sus pactos con el posibilitaron paso franco a la ciudad de Jerusalén para los peregrinos cristianos durante los difíciles años de ocupación mahometana. Después, ya en el siglo XII llegaría el resto de empresas santas con menor repercusión y, en muchas ocasiones, culminadas en auténticas catástrofes. Se tomó Constantinopla, sin que supusiera esto mayor defensa de los santos lugares; se masacró despiadadamente a los herejes cátaros, siendo ésta la primera Cruzada que se libró en Europa si no tomamos en cuenta los 780 años de luchas entre cristianos y musulmanes por la Reconquista de la península Ibérica. Más tarde se lanzaría una Quinta Cruzada sobre Egipto con dispar fortuna. La siguiente fue encabezada por Federico II, emperador del Sacro Imperio Romano Germánico, y las dos últimas las protagonizó el malogrado rey francés San Luis quien, sin acierto, acabó sus piadosos días en las costas norteafricanas de Túnez. Corría el año de 1270 y se podía dar por finalizada una etapa en la que religión y fanatismo lo habían dominado todo. No se consiguió preservar ni uno solo de los santos lugares, pues el último bastión cristiano en Oriente constituido en San Juan de Acre fue sitiado y tomado por los otomanos en 1291 tras la gesta del templario Roger de Flor, quien con su escuadra logró evacuar a miles de cristianos de Tierra Santa. En definitiva, las Cruzadas suponen la mayor epopeya militar del medievo con capítulos vergonzantes tales como una «cruzada» en la que se envió a la muerte a miles de niños los cuales, a fe de los fundamentalistas líderes religiosos de la cristiandad, creían, dada su pureza, que conquistarían Tierra Santa por intercesión divina, sin mayor imposición de los infieles sarracenos. Como es sabido, este suceso acabó con la vida de miles de pequeños y el resto fue esclavizado o se perdió en el intento.

Bueno será, por tanto, que nos acerquemos a ellas de una forma tan didáctica como amena gracias a la obra que usted tiene en las manos. Su autor Juan Ignacio Cuesta es un profundo conocedor de esta etapa tan fundamental para nuestra cultura dedicando muchos años de su vida al estudio de aquellos brumosos siglos. Por otra parte, sé bien lo que digo ya que es amigo personal y, en tantas conversaciones como hemos mantenido, he llegado a la convicción de que me encuentro ante un templario renacido en nuestro tiempo. Su sabiduría humanista deja perplejo al más versado y no es difícil sonreír con admiración ante su magisterio esclarecedor de tantos enigmas. Bacterio, como cariñosamente le llamamos los allegados, es un ser humano pleno, curioso ante el mundo que le rodea y soñador de tiempos remotos en los que sin duda participó de manera activa. Les invito a conocer su discurso sobre estas emocionantes centurias. Seguro que tras la lectura de la obra sentirán deseos irrefrenables de emular a todos aquellos que ciñeron sus armaduras en el deseo de mejorar la vida que les rodeaba. Es más que probable que alguno de ustedes visite Tierra Santa, siendo este libro el perfecto complemento para el viaje. Háganlo y que el espíritu de los caballeros templarios proteja su peregrinaje hacia uno de los lugares más sagrados del planeta Tierra.

Juan Antonio Cebrián
✝ 20-10-2007

— *in memoriam* —

INTRODUCCIÓN

POITIERS ES UNA BELLA CIUDAD FRANCESA, pero no siempre es posible disfrutar con su contemplación; suele estar difuminada por la lluvia, las brumas y a veces la actual *contaminación*. Posiblemente éste era el aspecto que presentaba la mañana del año 732, cuando Carlos Martel, el mayordomo de palacio de los reyes merovingios y abuelo de Carlomagno, tomó el mando de un ejército dispuesto a detener a los musulmanes y les infringió su primera gran derrota. La fuerza de choque empleada más notable fue la caballería pesada, gracias a una potencia estremecedora (era la primera vez que se veían caballos pertrechados con sus brillantes armaduras metálicas). Podemos considerar este hito histórico como un primer momento en el que empezaron a darse las condiciones que llevarían años más tarde a convocar las campañas militares de conquista (y algo más) que llamamos Las Cruzadas.

No solamente fueron episodios bélicos, también dieron lugar a la apertura de nuevas rutas comerciales y, como consecuencia, significaron la migración masiva de europeos en momentos especialmente conflictivos, determinados por miedos milenaristas y una gran precariedad en que vivían las clases más humildes del mundo feudal.

Por extensión, también puede emplearse el término cuando nos referimos a otros hechos semejantes, aunque con objetivos distintos que el de conseguir la custodia del Santo Sepulcro de Jerusalén. Por ejemplo, la Cruzada contra los Cátaros acaudillada por Simón de Monfort, o la Reconquista de la península Ibérica, en manos musulmanas desde el año 711. Sin embargo, cuando escuchamos hablar de ellas, nuestra mente nos lleva habitualmente a asociar la palabra con las ocho más famosas, que son las que denomina más propiamente.

Pero no son los únicos acontecimientos que tuvieron lugar al principio de la Baja Edad Media. Una serie de movimientos sociales influyeron a su vez en el desarrollo de la historia, aunque no estaban conectados entre ellos claramente. Su conocimiento es fundamental para poder analizar bien algunos fenómenos que hoy día están delante de nosotros. Vestigios de un pasado turbio, pero glorioso. Citaremos algunos. Las peregrinaciones; la construcción de las catedrales; los avances y retrocesos que significó el choque frontal entre dos religiones y civilizaciones casi irreconciliables y en distinto grado de evolución cultural; la lírica y música trovadoresca; el papel de las órdenes militares, sobre todo la mítica, enigmática y controvertida historia del nacimiento, desarrollo y caída de la Orden del Temple...; fue desde luego un tiempo fascinante que significó el final del viejo mundo y la llegada del Renacimiento, y con éste, el mundo moderno.

Haremos un viaje en el tiempo para visitar lugares y conocer a sus protagonistas, muchos de ellos nimbados posteriormente por el romanticismo con auras heróicas, aunque en realidad algunos personajes, aparte de ser brutos y ambiciosos, carecían de virtudes y sí exhibían una codicia insaciable. El hecho de que la Iglesia los ensalzara como a héroes de la causa de la fe no les priva de ser criticados en los aspectos que más lo merecen. Además, hoy día que está tan candente un cierto conflicto entre musulmanes (árabes o no), y cristianos, un repaso a todo cuanto sucedió entonces nos puede dar las claves interpretativas de lo que ahora mismo sucede en el mundo, avivado por el 11 de septiembre y el atentado contra las Torres Gemelas de Manhattan. El actual terrorismo islámico encuentra éstos y otros argumentos históricos para justificar sus acciones. Así invocan supuestas afrentas muy antiguas que, aunque en occidente recordamos con cierta lejanía, para ellos siguen sin saldar. Son presentadas a los estudiantes en las madrasas islámicas con el único fin de alimentar el odio y la violencia de muchos hombres, tanto jóvenes como maduros, hacia quienes consideran los herederos de los papas, clérigos, monjes, caballeros y soldados medievales, a quienes convocaban y animaban normalmente, tanto su líder espiritual que ocupaba en el momento el Trono de San Pedro en el Vaticano, como reyes y señores ávidos de riquezas y prestigio.

Les damos nuestra bienvenida a este recorrido por un período de la Edad Media que merece conocerse para entender algunas claves del mundo en el que vivimos hoy.

El autor

Y yo, Juan, vi la santa ciudad, la nueva Jerusalén, descender del cielo, de parte de Dios, ataviada como una esposa hermoseada para su esposo.

Apocalipsis, 21:2

Primera parte

Antecedentes

EL APOCALÍPSIS Y LAS CRUZADAS

UNO DE LOS LIBROS MÁS POPULARES durante la Alta Edad Media fue sin duda el *Apocalipsis*, escrito por San Juan Evangelista en la isla de Pathmos siendo anciano. Su fin es, a través de símbolos de oscuro significado, surrealistas e incomprensibles para casi todo el mundo, mostrarnos cómo será el anunciado fin de los tiempos. Según se afirma, una de las principales señales que permitirían a los hombres saber que el evento estaba cercano sería el advenimiento del «Anticristo», encarnado en la «Gran Bestia». Muchos creían que tal cosa sucedería en los alrededores del último día del año 999. Al día siguiente, vivos y muertos resucitados, acudirían en masa obligatoriamente al «Valle de Josafat», donde rendirían cuentas ante el arbritrio divino en un terrible, temido e inexorable «Juicio Final». Habría llegado el fin de la Historia.

Aquello no sucedió en aquella fecha, es obvio, y la explicación sería que «*Dios había escuchado las oraciones suplicantes de santos y hombres justos, aplazando el fin*». Así salieron del paso los sofistas de entonces.

Su influencia fue notable, puesto que el orbe cristiano identificaba a este ser numinoso con alguno de los caudillos musulmanes que luchaban con ahínco para introducirse en Europa y conquistar sus reinos por la fuerza de las armas. Entre ellos destacó en España el legendario general de ascendencia yemení nacido en Torrox (Málaga), *Abu Amir Muhammad ibn Abi Amir al-Mansur*, más conocido como Almanzor (también *al-Mu'yyad bi-llah* —el que recibe la asistencia victoriosa de Allah—).

Consciente de ello y deseando frenar la expansión sarracena, el rey asturiano Alfonso II el Casto encontró unos años antes un arma propagandística que puso al servicio de sus intereses. Un monje de San Martín de Turieno (hoy Santo Toribio de Liébana), el abad Beato, famoso por ser el autor de los *Comentarios al Apocalipsis de San Juan* —también conocido como *Beato de Liébana*—, escribe un himno litúrgico dedicado a un rey precedente, Mauregato. En él se habla de Santiago el Menor, como Patrón de España, y se afirma que fue su evangelizador. De forma «milagrosa», años después, en el año 813 aparece el presunto sepulcro del Apóstol, lo que llevó a numerosos cristianos a convertirse en peregrinos para visitarle y conseguir con su penoso viaje la indulgencia para sus pecados. Esta coincidencia, un tanto sospechosa, permite pensar que las peregrinaciones a Santiago de Compostela en realidad fueron utilizadas en un primer momento como forma de incrementar la presencia de cristianos en una amplia región fronteriza difícil de defender con las escasas tropas de que se disponía. En definitiva fue una migración inspirada por el más riguroso pragmatismo.

Poco a poco va creándose un ambiente propicio para convocar las Cruzadas. Tengamos en cuenta que el mundo medieval tiene sus propias reglas, difíciles de comprender desde la óptica de nuestro tiempo. Siguiendo a Georges Dubi (*Guerreros y campesinos: desarrollo inicial de la economía europea, 500-1200*), la mayor parte de la población en la Alta Edad Media vive cultivando las tierras de los señores feudales, quienes les imponen una disciplina directamente basada en la doctrina cristiana. Esta establece que Dios es un ser que da premios y castigos eternos tras la muerte en función de la obediencia a sus mandatos, emitidos a través del clero y de las autoridades. El poder viene de lo más alto y legitima a quien lo posee por linaje o por

Una de las ilustraciones de los *Comentarios al Apocalipsis* (correspondiente al *Beato de Liébana* de San Miguel de Escalada). El más famoso códice medieval.

la lealtad a su señor, al que conviene tener muchos súbditos sumisos y dispuestos siempre a luchar decididamente a favor de su causa.

Se produce así el aumento exponencial de la población que hacen peligrar los suministros de alimentos, y una buena solución es mandar a la gente a conquistar nuevas tierras, aunque sea a costa de su vida, peleando en masa contra los «enemigos de Dios» (y por tanto de la cristiandad). Y nada mejor para ello que encontrar un estímulo suficientemente convincente.

Por entonces, las peregrinaciones se habían convertido en una forma de vivir para muchos, que sentían la obligación de visitar los grandes lugares santos, como eran Santiago de Compostela, Roma y, sobre todo Jerusalén, cuna del mismísimo «Hijo de Dios». Para llegar allí por tierra era necesario rodear el Mediterráneo y pasar por Constantinopla (Bizancio), donde estaba la sede del Imperio Romano de Oriente.

Ya se habían superado los temores del Primer Milenio, y la actual Estambul era destino y origen a su vez de muchas rutas comerciales. A su cabeza estaba Basilio II Bulgaroktonos (el «matador de búlgaros»). Corría el año 1014, cuando, harto de los ataques por sorpresa de Samuel, rey de Bulgaria, señor de la fortaleza de Ohrid (un bastión inexpugnable), decidió responderle, venciéndole en la batalla del Valle de Struma, cerca de Salónica. Capturó 15.000 prisioneros.

De un modo que hoy día sería inaceptable, pero que entonces se utilizaba frecuentemente y con naturalidad, dejó ciegos a todos menos a 150. Cada uno de los que se libraron perdió un ojo, y tuvo que conducir a los demás en grupos de cien.

Al verlo, Samuel murió de un ictus (derrame) cerebral. Esta historia no viene descrita en el Apocalipsis, pero parece un verdadero castigo divino. A veces los hombres, para reafirmar su poder, han mostrado comportamientos ciertamente brutales.

Los turcos invaden Tierra Santa

TRAS LA MUERTE DE BASILIO, comienza una época de debilidad de Bizancio que terminará con una nueva invasión, esta vez, bajo el mando de Selyuk. Los turcos «selyúcidas»,

recién incorporados al Islam, avanzaron hacia el sur, entrando en Siria y Palestina. Las ciudades fueron ocupadas paulatinamente. En 1070 entraron en Jerusalén y, un año después, el ejército imperial cayó bajo sus armas en la batalla de Manzikert, donde Diógenes el Griego fue hecho prisionero. El Imperio tuvo que desprenderse de gran parte de Asia Menor. Antioquía fue incorporada en 1084. En 1092 los cristianos habían perdido todas las ciudades importantes en aquella región que ahora estaban ocupadas por las autoridades turcas, que controlaban todo gracias a un poderoso ejército.

Los peregrinos, empeñados en acudir a los Santos Lugares, cosa que constituía una obligación ineludible, sufren con este cambio, puesto que los nuevos dueños y controladores del territorio estaban frecuentemente poco atentos a facilitarles las cosas, cuando no interesados en aprovecharse de la situación. La inseguridad en los cami-

***Izquierda y derecha*: El ejército turco era entonces el más poderoso de Asia Menor. Las ilustraciones recreaban las batallas con las que ocuparon muchas ciudades de Bizancio. Hacía poco tiempo que se habían convertido al Islam.**

nos, los muchos «controles» en los que los cristianos eran despojados de sus bienes, la constante presión que hacía que muchos no pudieran llegar a su destino o fallecieran en el viaje fue constante y un problema irresoluble. A veces fueron víctimas de torturas, secuestros y todo tipo de vejaciones. Estos musulmanes recién llegados no se vieron obligados a facilitarles las cosas a los cristianos. El resultado fue que acudir a visitar el Santol Sepulcro se convirtió en algo muy difícil y peligroso, lo que acentuaba los

Los iconos bizantinos son la expresión artística más genuina de todas cuantas se realizaron en esta parte del mundo en la época de las Cruzadas. Su contenido se refiere siempre a elementos cristianos.

enormes sufrimientos provocados por la falta de alimentos y agua, además de enfermedades entonces totalmente desconocidas para ellos.

Por otra parte, los turcos, aunque coincidían en creencias y prácticas religiosas con sus enemigos más cercanos, eran un pueblo belicoso e intolerante con una necesidad importante de invadir otros territorios aledaños. Creían que acosar a sus vecinos y a los peregrinos garantizaba su seguridad. Establecieron así un complejo sistema de vigilancia para evitar el constante riesgo de contaminación con todos los demás. La sensación de inseguridad que tenían les hizo ser mucho más duros y crueles de lo que realmente les hubiera sido necesario.

Las noticias sobre este estado de cosas se conocieron en Occidente, y poco a poco, reyes, señores, soldados, estamentos religiosos y gran parte del pueblo llano tomó conciencia de que era necesario hacer algo para frenar la expansión de los «infieles», que empezaban a ser una amenaza importante. El peligro que significaban para el flanco sur del cristianismo los musulmanes de la península Ibérica empezaba a inquietar a todo el mundo. Una frontera tan cercana entre las culturas europea y asiática resultaba intolerable política y militarmente, en un momento en que la presión demográfica permitía tener a disposición gente dispuesta a luchar por una buena causa.

El basileus Alejo Comneno, emperador de Bizancio

LA GRAN FIGURA QUE PARARÍA los intentos de expansión turca fue el general Alejo Comneno, que asumió la responsabilidad de parar a los invasores. Sin embargo, sus tropas

Alejo I Comneno. Mosaico de la iglesia de Santa Sofía.

eran realmente escasas desde la época de la muerte de Basilio Bulgaroktonos. No tuvo más remedio que buscar apoyos externos. Debían venir más soldados aunque fueran extranjeros. Lo más conveniente sería reclutar un ejército capaz de hacer retroceder a sus enemigos. Según el mandatario, los mejores eran los normandos, unos fieros guerreros que habían peleado en la conquista del reino de Inglaterra en 1066, incluso expulsado a los mismos bizantinos del sur de la península Itálica.

Hay que considerar que, en temas militares, a veces resulta conveniente tratar de convertir a nuestros peores enemigos en amigos útiles y razonablemente leales, imitando la astucia de sus antecesores, los grandes estrategas de la Roma imperial.

Varios emisarios partieron como embajadores ante el Papa Urbano II, en busca de facilidades para el reclutamiento de las gentes, gracias a su gran experiencia adquirida cuando promulgó la «Tregua de Dios». Esta consistía en no combatir desde la tarde del miércoles hasta la mañana del lunes.

La primera medida instaurada por el pontífice fue convocar el Concilio de Piacenza en 1095. Se encargó la presidencia civil al rey Enrique IV, cabeza del Sacro Imperio Romano Germánico. Este presionó para impedirlo, porque tenía un mejor candidato para ocupar el «Sillón de San Pedro», más conveniente para sus intereses. Así se impediría ayudar al basileus bizantino, que lo que realmen-

El papa Urbano II, iniciador de las Cruzadas, recibe al rey de Aragón Pedro I. Fresco en el Vaticano.

te obtuvo fue una invasión de desarrapados que luego los enemigos llamarían los *infranyat*, *ifrany*, *farany* o, más comunmente, los *frany* (en árabe *los franceses*).

Desde luego, no era eso lo que esperaba, con lo que sus planes se frustraron, con gran decepción por su parte. La «chusma» que venían tenía tan mala fama, que intentó quitárselos de en medio lo más pronto posible, estimulándolos para que estuvieran el menor tiempo posible y continuaran camino de Jerusalén.

Los turcos fueron quienes se encargaron de «neutralizarlos», exterminándolos, esclavizándolos o vendiéndolos como mano de obra. La precipitación y la improvisación de Pedro el Ermitaño, el furibundo propagandista que se puso a la cabeza de este primer escarceo, fue una de las causas de que la primera y segunda expediciones del «ejército del pueblo» cayeran casi por completo cuando se produjo el desastre de Xerigordón.

Sin embargo, el altivo Alejo Comneno era un emperador oriental-greco-romano influyente, prestigioso y muy inteligente, sobre todo.

El escritor Amin Maalouf nos lo describe como «*quincuagenario, de menguada talla, ojos chispeantes de malicia, barba cuidada, modales elegantes, siempre cubierto de oro y ricos paños azules,... que tenía fascinado completamente al rey Kiliy Arslan, hijo de Suleimán su enemigo turcómano... Como todos los guerreros nómadas, sueña con conquistas y pillajes.*»

No debiera extrañarnos entonces que, asustado por un «ejército» tan poco fiable, o sea, casi más peligroso para él que el de sus enemigos naturales, lo mandara a su suerte, un desastre seguro. Es sin duda el responsable del desastre del arranque de la Primera Cruzada. No porque lo quisiera así, sino que se vio obligado a ello por las circunstancias y el pragmatismo. Si la organización política de la Europa de aquel tiempo hubiera sido distinta, probablemente hubiera recibido las tropas que necesitaba, y la primera gran maniobra militar en contra de los turcos hubiera tenido más éxito.

Alejo no consiguió la ayuda de sus vecinos y supuestos amigos, pero el papel de Bizancio como lugar estratégico e intermedio entre dos mundos siguió siendo decisivo, sobre todo facilitándole las cosas poco más tarde al auténtico vencedor y héroe del «segundo acto» de la Primera Cruzada, Godofredo de Bouillón.

Su premio por ser más sensato, ponderado y mejor guerrero que quienes se dejaron llevar por un entusiasmo desmedido, y una excesiva confianza en recibir ayudas desde instancias sobrenaturales, fue conquistar por fin Jerusalén, y con ello todos los centros simbólico-religiosos de la ciudad más santa para cristianos y judíos, pero también para los musulmanes.

Godofredo de Bouillón asalta Jerusalén en una ilustración medieval de autor desconocido.

Así vi en visión los caballos y sus jinetes, que tenían corazas de fuego, zafiro y azufre. Las cabezas de los caballos eran como cabezas de leones, y de sus bocas salía fuego, humo y azufre.

Apocalipsis, 9:17

Segunda parte

Las Órdenes militares

LAS CRUZADAS SIRVIERON DE PRETEXTO para que se instalaran en Tierra Santa una serie de congregaciones religiosas que desempeñaron diversas tareas que cada vez eran más necesarias en aquella conflictiva región. Esa fue la razón por la que tuvieron que adiestrarse en el uso de las armas y convertirse en monjes-soldado. La tierra sagrada donde Jesucristo predicó las bienaventuranzas fue siempre lugar de enfrentamientos entre los hombres.

Las cinco órdenes más importantes que se asentaron en los Santos Lugares fueron : la de San Juan de Jerusalén (hospitalarios), la del Santo Sepulcro, los Caballeros Teutónicos, los Lazaristas y la del Templo o templarios. Estos últimos se hicieron especialmente famosos.

También hubo otras que participaron, aunque de una manera casi testimonial, como por ejemplo algunas de origen hispano. La del Monte Gaudio fue fundada por el conde don Rodrigo Álvarez en el año 1178. Sin embargo, no llegó a intervenir en ninguna acción de relevancia, así que sus bienes pasaron a engrosar el patrimonio del Temple en el año 1186. Hubo más intentos para que participaran algunas otras. Intentaron convencer a los calatravos y los santiaguistas (órdenes de Calatrava y de Santiago), así como a los templarios españoles, sin resultados. En la Cruzada que emprendió Jaime I participaron algunos calatravos aragoneses, pero una tormenta mermó la flota e hizo desistir al monarca de tal empeño.

Por otra parte, España estaba en plena Reconquista, y eran necesarios practicamente todos los efectivos para que la península Ibérica no fuera la puerta de entrada del Islam a Europa. Bastante tenían los monarcas españoles con contener al enemigo más cercano. Por esa razón se mostraron siempre reticentes a participar en las Cruzadas en Oriente Medio. No acudieron muchos caballeros hispanos a las llamadas que se hicieron.

***A la izquierda*: Tierra Santa fue llenándose poco a poco de monjes que tuvieron que ir convirtiéndose en soldados para proteger a los peregrinos que acudían en busca de los lugares en los que predicó Jesús de Nazaret.**

La Orden de San Juan de Jerusalén

Posiblemente una de las instituciones religiosas más antiguas que llegaron a la zona es la Orden Militar y Hospitalaria de San Juan de Jerusalén, hoy día de Rodas y de Malta (Soberana Orden de Malta).

Fue fundada en la Ciudad Santa alrededor del año 1050 por comerciantes de Amalfi (Salerno, Italia), gracias a la autorización del califa de Egipto. En su forma original se trataba de una cofradía que tenía a su cargo el funcionamiento y la conservación de un hospital en donde los peregrinos hallarían alivio ante las dificultades de su viaje. Su propio lema lo manifiestaba perfectamente: «*Tuitio Fidei et Obsequium Pauperum*» (en defensa de la Fe y al servicio de los pobres). Adoptaron como emblema la cruz blanca de ocho puntas.

En sus primeros años fue una comunidad monástica puesta bajo advocación de San Juan Bautista. Se profesaban los votos de pobreza, castidad y obediencia. El Papa Pascual II la reconoció formalmente mediante una bula promulgada el día 15 de febrero del año 1113. Pronto tuvo que implicarse en acciones militares para poder ejercer bien su función en una región agitada y sensible, escenario de permanentes conflictos. Esto sucedió siendo gran maestre Raimundo de Puy (1120-1160), sucesor del primer Gran Maestre, el beato Gerardo Tenque, que había muerto el día 3 de septiembre de 1120.

Mientras existió el reino cristiano de Jerusalén, consecuencia de la Primera Cruzada, los monjes realizaron su labor normalmente y, al adquirir carácter militar, admitieron en su seno a caballeros nobles que profesaban como religiosos aceptando la regla de la Orden.

Fueron expulsados de Tierra Santa en el año 1291. Era por entonces Gran Maestre Foulques de Villaret (1315-1319) y durante algún tiempo se asentaron en Chipre, trasladándose en el año 1310 a ocupar la isla de Rodas.

Crearon entonces una flota encargada de vigilar las rutas comerciales y militares del *Mare Nostrum*. Participaron en importantes combates frente a las costas de Egipto y Siria, donde fueron muy eficaces.

En el año 1523, el sultán Suleiman el Magnífico los expulsó de la isla. Fueron despedidos con honores militares. Durante siete años no tuvieron donde aposentarse, hasta que en 1530 Carlos V les cedió la isla de Malta. El Gran Maestre Jean de la Valette ocupó su capital, a la que dio su nombre (Valetta). Desde este estratégico lugar, combatieron contra los turcos, que los asediaron durante más de noventa días.

Su intervención en la batalla de Lepanto en 1571 fue decisiva, gracias a su potente flota, contribuyendo decididamente a que cayera el imperio otomano.

Años después, en 1798, fueron expulsados por Napoleón Bonaparte cuando iba a

Foulques de Villaret. Veinticuatro Gran Maestre de la Orden de Malta

Malta, isla fortificada cercana a Sicilia. Perteneció a la Orden de Malta hasta su expulsión por parte de Napoleón Bonaparte. Aunque posteriormente se les reconoció su soberanía, no pudieron regresar.

Egipto, puesto que la regla de la orden les impedía luchar contra otros cristianos. Sin embargo, aunque en el Tratado de Amiens (1802) se les atribuye la soberanía sobre Malta, no pudieron volver. La isla estaba entonces ocupada por los ingleses. Actualmente, y desde 1834, su sede oficial está en Roma, aunque tienen diversas posesiones por el mundo. Por ejemplo en Segovia tienen la iglesia de la Vera Cruz, un templo atípico con un tipo de arquitectura que permite sospechar la influencia en su construcción de las cofradías adiestradas por los caballeros templarios.

A pesar de sus vicisitudes militares y su errática historia, su misión sigue siendo de tipo altruista, y no se les conoce ningún proceso incoado en el que alguien hubiera estado interesado en su disolución. Actualmente casi todos sus miembros son caballeros laicos.

la iglesia de la Vera Cruz, en Segovia, propiedad de la Orden de Malta. Posiblemente de origen templario.

La Orden del Santo Sepulcro

Fundada por Godofredo de Bouillón, acogió en principio a cincuenta caballeros que fueron nombrados en el considerado como sepulcro de Jesús de Nazaret, que quedó bajo su custodia. Así nos los relató el poeta Torcuato Tasso: «*Son cincuenta guerrier he in pure argetnto. Apiegan la tronfal perpetua coce.*» Se hicieron cargo de la sagrada tumba en el año 1098. Era necesario que 100 miembros estuvieran disponibles permanentemente en Jerusalén, y así lo hicieron. Participaron en varias expediciones a partir del año 1123, bajo el mandato del rey Balduino, como por ejemplo el sitio de Tiro de 1128, el asedio de la fortaleza de Montferrand en 1146, el sitio de Damasco en 1153, la batalla de Bethsan en 1180 y la conquista de Arcalea en

Según la tradición, este es el lugar donde estuvo enterrado el cuerpo de Jesucristo y en el que tuvo lugar su resurrección.

1182. El prior de la orden falleció peleando durante la toma de San Juan de Acre.

El conde de Barcelona, Ramón Berenguer IV, ingresó en sus filas, sin que esto significara que desatendiera sus labores como monarca. Jaime I el Conquistador les donó tierras y bienes para realizar su labor con comodidad.

Con la caida de Jerusalén en manos de los turcos, se dispersaron por Francia, Flandes, Alemania y Polonia, fundando conventos en París y Parma. En el año 1480, Inocencio VII los incorporó a la Orden de Jerusalén. Su Gran Maestre más destacado fue Pío X en 1907, auxiliado por el patriarca de Jerusalén. Siguen en activo, divididos en Caballeros, Comendadores y Grandes Cruces.

Cruces de la Oden del Santo Sepulcro.

Sus símbolos es la cruz «potenzada» de color rojo, de gran tamaño y rematada con brazos. Contiene cuatro más pequeñas en los cuarteles que se forman. Sobre el pecho utilizan la «patriarcal», con su doble traviesa característica.

Los Caballeros Teutónicos

La aparición de esta orden militar en Jerusalén tuvo su origen años antes. Una vez establecido el Reino Latino, se construyó un hospital para los peregrinos alemanes. Adjunto al mismo, se edificó una iglesia bajo la advocación de la Virgen, dependiente del gran maestre de San Juan.

Ambos edificios serían destruidos por Saladino en el año 1187. Así que, durante la Tercera Cruzada (1190), peregrinos procedentes de Lübeck y Bremen, con el apoyo del duque de Holstein, utilizaron las velas de los navíos para improvisar un hospital de campaña en las afueras de Acre. Una vez conquistada la ciudad, Federico de Suabia, líder de los soldados alemanes, levantó un hospital permanente, defendido por algunos monjes guerreros que recibirían a partir de entonces el nombre de Caballeros Teutónicos.

En 1192, Celestino III les otorgó privilegios semejantes a los recibidos por las otras órdenes, en concreto iguales que los de San Juan, de quienes tomarían la regla hospitalaria. Inocencio III aprobó su hábito blanco, sobre el que pusieron una cruz de color negro.

Fueron apoyados notablemente desde su tierra natal por los emperadores, sobre todo por Federico II, que tendría problemas con el Vaticano, como veremos después. En el año 1229, en plena Cuarta Cruzada regresarían a su primera casa, la de Santa María de los Alemanes, aunque esta vez por breve tiempo. Abandonaron definitivamente Tierra Santa en el año 1291.

A partir de este momento, su campo de operaciones se trasladó al Báltico. Allí pusieron todo su empeño en luchar contra Prusia, cuyos habitantes aún seguían siendo paganos. Se crearon entonces los Schwertzbrüder, los «portadores de espada», una orden militar que tuvo escaso éxito, lo que llevó a Conrado de Masovia a llamar en su ayuda a los teutónicos, a cambio de cederles Culm con los botines que pudieran obtener.

En aquellos momentos ascendió al Gran Maestrazgo de la orden Hermann von Salza (o Saltza), quien recibió de Honorio III y del emperador Federico II en 1230 la autorización para su campaña. La lucha duró veinticinco años durante los cuales el germanismo fue difundiéndose por toda aquella zona del viejo continente, y por tanto el Imperio fue engrandeciéndose con la incorporación de nuevos territorios que vinieron a quedar bajo la tutela del jefe de la casa Hohenstaufen.

En 1309 el gran maestre Sigfrido de Feuchtwangen trasladó su residencia oficial desde Venecia hasta el castillo de Marienburg, una gran fortaleza desde donde dirigió el país con la disciplina propia de lo castrense.

Nunca fueron más de mil caballeros. Con esta fuerza vencieron a los lituanos en Rudau (1307). Su jefe, el duque Ladislao Jagellón, se casó con la heredera del trono polaco y se

Hermann von Salza fue amigo personal de Federico II, que le nombró «Príncipe Imperial». Los Caballeros Teutónicos consiguieron entonces grandes riquezas y privilegios. El Gran Maestre prefirió abandonar Tierra Santa con sus tropas y emprender otras campañas en Hungría. Posteriormente seguiría, ampliando su campo de operaciones hasta Prusia.

convirtió al cristianismo, terminando con el pasado pagano de aquella región. Los teutónicos, al no ser tan necesarios, perdieron gran parte de su influencia.

A partir de entonces estallaron los conflictos con el rey polaco. Jagellón les venció en Tannenberg en 1410, muriendo seiscientos caballeros y además se arruinaron. Tras sucesivas derrotas cayó Marienburg, no teniendo más remedio que trasladarse a Königsberg (hoy Kaliningrado).

A partir de este momento sufrieron otras vicisitudes que les obligaron a desplazarse a distintos lugares hasta que, durante el reinado del emperador Napoleón (1809), fueron despojados por éste de sus tierras en la orilla derecha del Rhin, y se quedaron únicamente con una bailía en la región austríaca del Tirol.

Actualmente es una orden exclusivamente hospitalaria que cuenta con muy pocos miembros. Tiene dos ramas, la católica, con sede en Viena y la protestante, afincada en Holanda.

El castillo teutónico de Marienburg, cuyo nombre significa «La ciudad de María», centro de poder desde el que se dirigió toda la región prusiana.

Los Lazaristas

Los monjes de San Lázaro habían llegado mucho antes a Tierra Santa para atender a leprosos, pero fue durante la Primera Cruzada cuando se transformaron en una orden militar, con el nombre de Caballeros de San Lázaro o Lazaristas. Tenían por costumbre atender a cualquier miembro de otra orden que contrajera esta enfermedad, a los que acogían y atendían adecuadamente. En el año 1115 se constituyeron como comunidad independiente, bajo la regla de San Agustín. Dos bulas confirmaron este hecho, la emitida por Pascual II y la promulgada por Alejandro IV, en 1255.

Sufrieron una gran derrota en la batalla de Gazza, el 18 de octubre de 1244, pereciendo todos. Posteriormente, una vez reconstruida la orden, volvieron a ser masacrados en Mansourah, junto a hospitalarios, templarios y teutónicos (1250). Su Gran Maestre moriría durante el asedio a San Juan de Acre, ciudad portuaria que sería tomada en el 1291. Todas sus posesiones fueron a parar a manos de Saladino.

San Lázaro

Tras el gran desastre de la primera ex-

Asedio de San Juan de Acre, según una ilustración antigua.

pedición San Luis, regresó a Francia con doce hermanos lazaristas, cediéndoles el castillo de Boigny, que sería a partir de ahora su casa central. Desde aquí se expandirían por todo el territorio francés. También cruzaron el mar para ir a establecerse al otro lado del Canal de la Mancha, en la ciudad inglesa de Burton en Staffordshire.

En 1490 Inocencio VIII los unió a los hospitalarios de San Juan pero, como los caballeros franceses permanecieron autónomos, poco después León X procedió a su separación. Enrique IV los uniría a los monjes del Carmelo que estaban a punto de desaparecer.

Durante el siglo XVII combatieron en el mar contra los piratas y corsarios que atacaban barcos y poblaciones costeras. Fijaron su puerto en Saint Maló, donde tuvieron hasta diez fragatas. En esta época Gregorio XIII, mediante bula, los unió de nuevo con la orden de San Mauricio. La unión se convirtió en una de las organizaciones religiosas más poderosas de Italia, aunque los lazaristas siguieron conservando gran parte de su independencia ya que, como había sucedido antes, la rama de Boigny no acató el mandato papal.

A partir del siglo XV, existe una notable lista formada por Maestres ilustres de la orden, entre los que podemos encontrar a los marqueses de Nerestang, Dangeau y Luvois; a los que se añaden el duque de Berry, que luego llegaría al poder como Luis XVI hasta la revolución francesa, cuando fue guillotinado. Hay que añadir al conde de Provenza que también sería coronado como Luis XVIII; dos zares, Pablo I y Alejandro I y el archiduque Leopoldo de Austria. Tuvo varios protectores, como Carlos X.

Los lazaristas se unieron a las antiguas órdenes del Espíritu Santo, la de San Miguel y la de San Luis, imponiendo a los aspirantes requisitos estrictos, como la obligación de poseer nueve grados de nobleza y ser católicos reconocidos.

Al contrario que otras instituciones desaparecidas, hoy día siguen existiendo. Tienen representantes en Alemania, Suiza, Portugal, Holanda, Polonia, Italia, Francia y España, donde fue declarada de utilidad pública en el año 1940.

Los «Pobres Caballeros de Cristo»

Aunque todas las órdenes militares tuvieron importancia durante las Cruzadas, hay una especialmente polémica, cuyo estudio ha dividido a los expertos en dos bandos muy polarizados. De un lado están los que piensan que toda la leyenda que se ha construido en torno a ellos es exactamente eso, una leyenda, y del otro, los que creen que hay cuestiones sin aclarar, tanto en su fundación, como en su crecimiento, como en el desarrollo de su misión. Además del modo en que se disolvió la orden tras un proceso indigno y amañado por uno de los funcionarios más intrigantes de Felipe IV, Guillermo de Nogaret.

Quienes analizan su comportamiento encuentran indicios de que sus actividades no sólo se limitaron a luchar y proteger a los peregrinos, aunque ese fuera su objetivo reconocido. Los «Pobres Caballeros de Cristo», más conocidos como la orden del Temple o Templarios, merecen un

El *Beauceant*, escudo típico de los templarios.

estudio sereno y pormenorizado. No se pueden enteder las Cruzadas sin su intervención, ni se puede obviar su importancia a la hora de interpretar acontecimientos históricos que influyen en el mundo actual.

Se han realizado muchos estudios, unos conocidos y fiables, pero hay gran cantidad de ellos que son simples especulaciones, análisis guiados por una cierta vehemencia y suposiciones sin fundamento alguno.

Hoy la historia y todo cuanto tiene que ver con aquellos freires está más vigente que entonces, y sus peripecias siguen alimentando la imaginación y los sueños de muchos hombres bienintencionados. Otros no lo son tanto, como los nazis, que se apropiaron de sus símbolos y ritos más ocultos y prohibidos para mezclarlos interesadamente en una especie de nueva religión pagana.

Será conveniente hacer un pequeño resumen que nos sitúe en el contexto de la época para que cada uno pueda extraer sus propias conclusiones, aunque hay que tener en cuenta que es tarea harto difícil. El terreno es muy resbaladizo, y la falta de documentación obliga a interpretar cada indicio por pequeño que sea a la luz del sentido común y de la tradición. Muchas conclusiones serán discutidas por difíciles de demostrar.

Debemos insisitir. Todo cuanto se diga aquí es mezcla entre lo que se sabe y la especulación. No

La *Esvástica* nazi, un símbolo que llegó de la India a Europa, al que se le cambió el significado.

tenemos mejor método, puesto que ellos mismos y, posteriormente sus enemigos, fueron especialmente activos borrando las huellas de su memoria.

Este análisis tiene vocación de ser una reflexión veraz, más que una afirmación dogmática. La auténtica verdad sobre los templarios está aún por escribir. Quizá algún día la sepamos o quizá está condenada por las maniobras de sus enemigos a ser siempre manipulada.

¡Juzguen por sí mismos partiendo de los escasos y fragmentaos datos que tenemos!

Lo que sí sabemos es cual fue en principio el lema de la orden: *Non nobis, Domine, non nobis sed nomini tuo da gloriam*. (No a nosotros Señor, no para nosotros, sino para dar gloria a tu nombre).

Comienza el misterio

En su cuarto de estudio Etienne Harding (hoy santo), abad de Citeaux entre 1108 y 1133, leía atentamente una serie de manuscritos que requerían toda su atención. Se trataba de una colección de documentos hebreos que tenían cierta importancia para quien los había encontrado, el conde Hugues de Champaña. El noble viajó a Tierra Santa en el año 1114, y volvió al año siguiente con ellos, no sin cierta precipitación, encargándole su estudio. Paralelamente, a su regreso cedió tierras para que se edificara la abadía de Clairvaux, que fundaría San Bernardo.

Sus ojos iban recorriendo las textos con asombro, no dando crédito a lo que estaba leyendo. Para asegurarse de que sus conclusiones no eran precipitadas, llamó a diversos rabinos expertos que le confirmaran algunos de los sorprendentes datos. El principal de ellos vivía en Troyes; su nombre: Salomón Rachi (1040-1105). Un hombre enormemente sabio cuya experiencia era la adecuada para interpretar correctamente los intrincados textos.

El conde y los dos estudiosos conocían una tradición que hablaba de la presencia de tesoros en el subsuelo de lo que había sido el Templo de Salomón.

Una vez contrastado su contenido, reflexionó sobre la cuestión, y debió llegar al convencimiento de que se encontraba ante un secreto celosamente guardado en alguna parte y que delante de él estaba la clave para poder encontrarlo, aunque no estuviera totalmente seguro de cuál era su naturaleza. Todas estas, a la par que otras, eran cuestiones que le hacían intuir que su descubrimiento tendría importantes consecuencias para determinar el curso de los acontecimientos que se avecinaban y se convenció de la obligación que tenía de encontrarlo y ponerlo bajo la custodia de gentes de confianza para que no cayera en manos equivocadas. Comunicó sus reflexiones sobre el descubrimiento a su amigo Bernardo, abad de Clairvaux (Claravall, [1091-1153], canonizado en el año 1174).

El futuro santo, creador del nuevo ideario de la orden del Císter, una vez escuchó lo que Harding tenía que decirle, estuvo de acuerdo con él y debió pensar que ahora, aprovechando que muchos cristianos andaban luchando por conseguir el control de Jerusalén, era un buen momento para comprobar que sus sospechas eran ciertas. Así que se puso a pensar en cuál de todos los grupos que viajarían allí era el más idóneo para «mandarles una tarea», sin darles demasiadas explicaciones sobre la misma e imponiéndoles el secreto de la misión.

A la sazón, un misterioso caballero de dudoso origen, llamado Hugues de Payns o Paiens, como le denomina Guillermo de Tiro, el principal cronista de las Cruzadas (hay quien le atribuye un origen español y le denomina Hugo de Pinos), se reunía con otros ocho caballeros no menos enigmáticos, de los que ni siquiera estamos seguros de su verdadero nombre, o al menos cómo se escribe con exactitud. Los que aparecen más frecuentemente en los distintos estudios son Geoffroi de Saint-Omer, André de Montbard, Archambaud de Saint-Aignan, Payen de Montdidier, Geoffroi Bissol, Gondemar, Rossal (o Roral) y Hugues Rigaud. Todos ellos son el núcleo primitivo de la orden de los Pobres Caballeros de Cristo.

Estos datos no están suficientemente documentados, además hay algunos que levantan sospechas. Por ejemplo, Hugues de Payns era primo de san Bernardo; André de Montbard, tío también del mismo. Sólo por eso, el grupo

San Bernardo predicando a los monjes cistercienses de la abadía de Clairvaux.

reunido en torno a Payns era el idóneo para conseguir cumplir los objetivos que el futuro santo se ha propuesto.

Aparentemente se juntaron bajo un ideal: marchar a Jerusalén a proteger a los peregrinos.

Hasta aquí bien, pero... ¿cómo habrían de hacerlo exactamente tan sólo nueve personas? Cuando llegaron a la Ciudad Santa, el rey, a la sazón Balduino II, convenientemente informado, les asignó unas dependencias situadas en el mismo lugar donde estuvo el Templo de Salomón, concretamente sus sótanos, conocidos como «las caballerizas» (de ahí que se empezará a denominarlos templarios *–miles templi–*). Para ello tuvo que trasladar urgentemente a los canónigos de la orden del Santo Sepulcro que las ocupaban, que no se fueron muy contentos.

Durante casi nueve años, no realizaron ninguna actividad conocida, ni admitieron nuevos miembros. Nadie sabía que hacían con exactitud..

¿Entonces, qué habían ido a hacer allí? ¿Quizá todo no era más que una tapadera para que cumplieran su misión que, como sospechamos, no era otra que la de encontrar lo que Harding había descubierto y ver si era tan

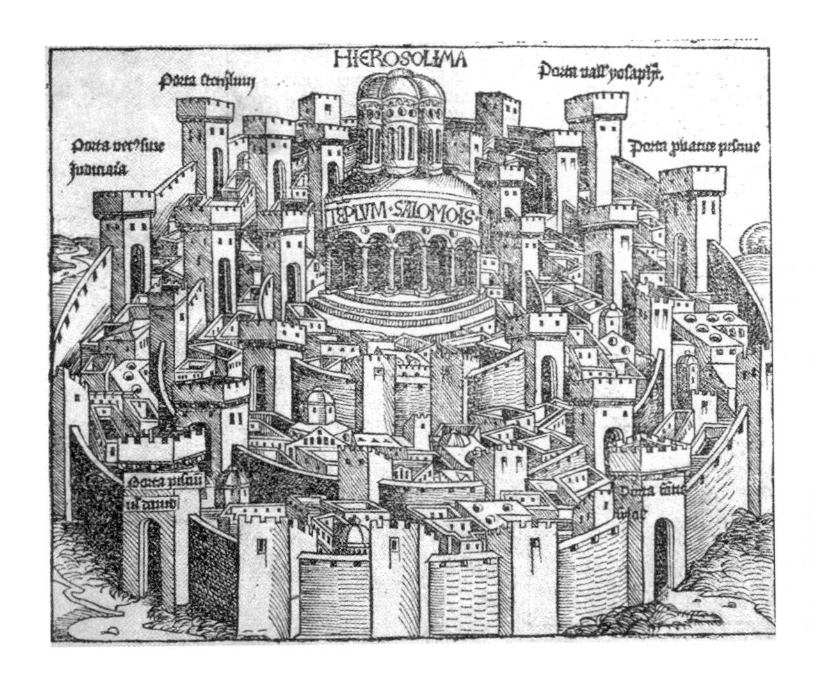

importante como intuía? El hermetismo, por otra parte, era total, puesto que estaban ligados por el juramento de no hablar de ello con nadie bajo pena de muerte. Esta es con seguridad la causa de que muchos de sus conocimientos no hayan llegado hasta nuestros días y todo permanezca rodeado de un misterio alimentado por las dudas.

La fecha oficial de la fundación de la orden fue el 25 de diciembre del año 1119. Sabemos que pronunciaron votos de «pobreza, castidad y obediencia» ante Garimond, patriarca de Jerusalén en el año 1123. Su aprobación tuvo lugar en el año 1128. Pero fue en el siguiente cuando Hugues de Payns, acompañado por otros cinco caballeros, fueron a presentarse al Concilio de Troyes

***A la izquierda*: Vieja ilustración de la Jerusalén medieval, con el templo de Salomón en el centro. A la derecha: Hugues de Payns, primer Gran Maestre de la Orden del Temple.**

para exponer las actividades que realizarían a partir de entonces. Al efecto, adoptaron la regla que habían redactado anteriormente, tras ser repasada y corregida por el propio San Bernardo, quien introdujo en ella los mismos principios ideológicos que habían orientado la reforma del Císter. Esto significó una cierta «vuelta a los orígenes», al modo de vida de los cristianos que se ocultaron de las persecuciones en las catacumbas romanas, inspirado en costumbres precedentes, como las practicadas por la secta hebrea de los esenios, a la que según la tradición pertenecía María, la Madre de Jesús.

> «Los esenios fueron un grupo de hombres dedicados a la búsqueda de la gnosis como doctrina y práctica explicativa de un modelo particular del hombre y el mundo. Tuvieron su principal asentamiento en Qumran, el lugar donde fueron encontrados los curiosos Manuscritos del Mar Muerto. El término gnosis hace referencia a un conjunto de creencias cuyo centro es la búsqueda de conocimiento. No es Dios quien directamente se lo da al hombre en un acto de su propia voluntad, sino que es éste quien accede a él mediante una búsqueda evolutiva que, incluso, ocupará el curso de varias vidas. Como se ve, aunque lo presentemos de un modo demasiado general, existen claras influencias procedentes de extremo Oriente. La idea central es que el alma es lo único que realmente vive y que ha sido encerrada por el Demiurgo, entidad espiritual que ocupa la segunda jerarquía de poder tras Dios, en el cuerpo humano, y tiene que liberarse mediante la purificación y el camino hacia la luz. No sabemos qué elementos de esta doctrina fueron adoptados por los templarios, pero sí que buena parte de su praxis vino determinada por el gnosticismo y el uso de símbolos propios, como el dios Abraxas. Se cree que su utilización estaba restringida a monjes de élite únicamente.»

Entre el año 1129 y el 1136, el apoyo decidido de San Bernardo a esta nueva orden le lleva a escribir un documento que luego Hugues de Champaña utilizará como justificación para solicitar tierras y bienes de los que puedan disponer para desempeñar su misión. A partir de entonces empieza un notable ascenso. En todas partes se les conceden donaciones y riquezas que les llevarán en poco tiempo a ser una de las organizaciones religioso-militar-financieras más importantes de todos los tiempos.

Pero volviendo hacia atrás, ¿qué hicieron durante nueve años oscuros en las galerías que sirvieron de sótanos al mítico Templo de Salomón? ¿Rezar? ¿Meditar? ¿Prepararse espiritualmente para cumplir una misión para la que no tenían medios y que lógicamente les excedía? O, ¿por el contrario se dedicaron denodadamente a buscar algo que tenían el encargo de encontrar por su gran importancia simbólica?...

Cuevas de Qumram.
En su interior aparecieron los *Manuscritos del Mar Muerto*.

El Arca de la Alianza

De la lectura del Antiguo Testamento podemos deducir que el objeto sagrado más importante para el pueblo judío era el Arca del Pacto o de la Alianza, que simbolizaba el acuerdo entre Dios y los hebreos. Se consideraban los «elegidos de Yaveh». En el Éxodo, 25:10, se describe como era su aspecto y cómo está hecha: «... *un arca de madera de acacia de dos codos y medio de largo, un codo y medio de ancho y un codo y medio de alto.*» (111 x 67 x 67 centímetros). Su estructura sería parecida a la de un acumulador eléctrico: «*La cubrirás de oro puro por dentro y por fuera, y en torno de ella pondrás una moldura de oro*».

El mismo Yaveh ordena a Moisés cómo ha de trasladarse correctamente: «*Fundirás cuatro anillos de oro, que pondrás en los cuatro ángulos, dos de un lado, dos del otro. Harás unas barras de madera de acacia y las cubrirás de oro, y las pasarás por los anillos de los lados del arca para que puedan llevarse. Las barras quedarán siempre en los anillos y no se sacarán.*»

¿Por qué todo esto? Porque estamos ante un objeto que se autoprotege, puesto que si alguien la tocaba sin las prevenciones adecuadas caía inmediatamente fulminado. En el mismo libro vemos como un hombre, viendo que iba a caerse de un carro que la llevaba (un modo incorrecto, puesto que el mandato era llevarla a hombros), intentó sujetarla para que no se deteriorase y murió al instante, fulminado como alcanzado por «un rayo» (¿electrocución?).

Un poco más abajo hay un párrafo bastante enigmático que pasa desapercibido a pesar de su gran importancia: «*En el arca pondrás el testimonio que yo te daré.*» Son palabras del mismo Dios, que repite más tarde cuando ha-

El Arca de la Alianza.
Un objeto sagrado de inmenso poder, diseñado directamente por Dios. Réplica que puede verse en el Royal Arch Room del George Wahington Masonic National Memorial.

bla de la tapa, que deberá tener un propiciatorio situado entre dos querubines de oro macizo desde el que el Creador habría de revelarse en forma de nube.

¿A qué se refiere? No hay ninguna referencia posterior sobre cuál ha de ser el contenido del Arca, excepto que tiene que llevar las dos Tablas de piedra de la Ley promulgada en lo alto del monte Sinaí. ¿Qué tipo de objeto sagrado es éste que va a funcionar como una especie de mecanismo de comunicación entre la divinidad y sus criaturas?

Sabemos por otras descripciones que, dentro de este objeto, también hay una jarra con el «maná» con el que los israelitas se alimentaron durante su peregrinación por el desierto pero, ¿quién nos dice que su interior no fuera empleado como escondite de otros documentos o testimonios sagrados de gran importancia, aunque no sepamos cuales son exactamente.

Durante muchos años el alojamiento de este objeto de culto fue el Tabernáculo, el *Sancta Sanctorum*, el centro místico construido en el corazón del Templo de Salomón, el mismo lugar que ahora ocupaban los monjes del

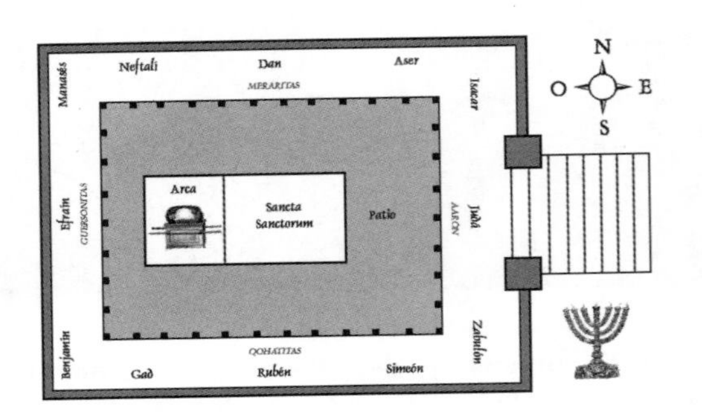

El Arca se situaba en el corazón del Templo. El lugar más recóndito, íntimo y sagrado.

Temple. La sospecha era que en aquel lugar estuviera su escondite, para que no fuera robada por enemigos del pueblo judío. No olvidemos que fueron sometidos en diversas ocasiones por sus vecinos más belicosos, que destruyeron sus ciudades, el primer Templo, el de Salomón, y los esclavizaron durante largo tiempo.

Durante esos enigmáticos nueve años, nuestros protagonistas debieron remover bastantes piedras y gran cantidad de tierra hasta encontrar el emplazamiento exacto del lugar donde se escondía el objeto sagrado. Conscientes de su peligrosidad, encontraron la forma de neutralizarla y dispusieron de su contenido.

¿Qué encontraron? Posiblemente las Tablas de la Ley y una jarra con muestras del «maná» con el que los israelitas se alimentaron durante su estancia en el desierto (así lo afirma en el Viejo Testamento).

Aunque todo esto son especulaciones, observando el comportamiento de algunos miembros de la orden y las actividades que apoyaron, debieron encontrar también otros documentos que no se mencionan sobre como aplicar proporciones sagradas en las construcciones destinadas a ser morada de Dios. ¿De dónde procedían estos?

Podemos sospechar que llegaron a través de dos posibles caminos. El primero implica un misterio: ¿por qué el faraón persiguió a Moisés una vez que marcharon de Egipto? ¿Es que se arrepintió repentinamente o es que el perseguido, que había sido un alto funcionario de la administración egipcia, se llevó algún secreto consigo indebidamente y había que recuperarlo a toda costa?

Como hoy día sabemos, las prodigiosas técnicas de construcción egipcias, cuyos secretos, incluso en nuestro tiempo, constituyen un verdadero enigma que no somos capaces de resolver, fueron empleadas de un modo sorprendente. Sucedió en tan corto espacio de tiempo, y tan repentinamente, que podemos sospechar les fueron transmitidas por alguien o algo que las poseía. Dicen los más arriesgados que quizá fueran de naturaleza espiritual, e incluso ¡extraterrestre!, cosa demasiado heterodoxa e improbable, aunque aún puede haber sorpresas.

Una pista podría ser la de ese enigmático ente llamado Hermes Trimegisto y ¿cuáles fueron los conocimientos que proporcionó a los sacerdotes del Imperio?

> «Existe un Hermes mítico y uno histórico. Este segundo fue un filósofo egipcio, cuyo apellido significa "el tres veces grande" que, según la *Enciclopedia de Ciencias Ocultas* de Yogi Kharishnanda, nació el 9 de octubre del año 1399 a.C. en Tebas y murió en el monasterio de El-Amarna el 22 de marzo del 1275. Se cuenta que escribió 42 libros que eran utilizados por los sacerdotes egipcios para iniciarse en los conocimientos ocultos. Versaban sobre química, medicina y, sobre todo, física. En estos últimos aparecían las normas para construir edificios sagrados con las proporciones adecuadas para cumplir su función de amplificadores de las energías de la Tierra al servicio de la evolución espiritual. Particularmente se le atribuye la primera mención del número sagrado *phi*, el 1,618, base de toda la arquitectura religiosa. Se le atribuye haber elaborado el principio fundamental de la magia: "*Lo que está arriba es como lo que está abajo*", que por otra parte parece haber influido en el principio fundacional del cristianismo: "*Lo que atares en la Tierra será atado en el Cielo*», cosa nada sorprendente. Es el patrón de las ciencias ocultas, del esoterismo en general. En su vertiente mítica, se convirtió en el dios Mercurio, el mensajero de los dioses, patrón de la medicina y también del comercio.»

Seguramente esta figura no es la única, ni satisface toda la resolución del enigma. Debe siempre aceptarse que puede ser cualquier otra, pero no olvidando que, al menos dos veces, antes de su intervención en la construcción del

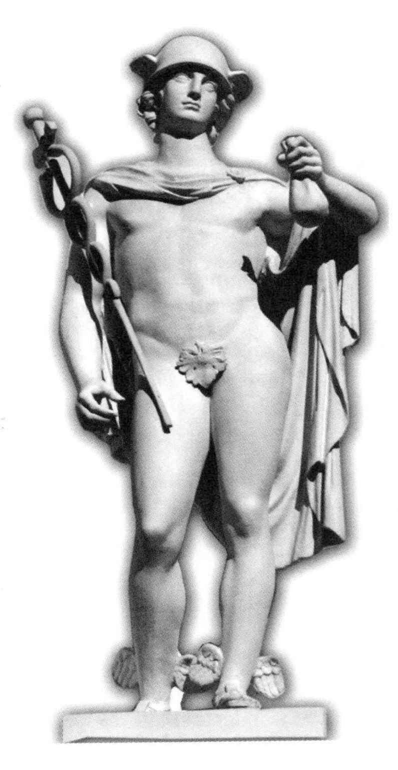

Una estatua de Mercurio-Hermes Trimegisto en la Casa del Labrador, Jardines del Príncipe en Aranjuez. En una mano lleva un caduceo, símbolo adoptado por la medicina, y en la otra una bolsa, del comercio.

Templo de Salomón, Yaveh había dado a israelitas notables instrucciones precisas para la construcción de dos objetos sagrados: el Arca de Noé, y la ya mencionada Arca del Pacto o de la Alianza. La figura de Hermes podría encerrar a una escuela de iniciados que se considerarían depositarios de esos conocimientos secretos.

El segundo camino de llegada es mucho más lógico, debido a que el rey Salomón contrajo matrimonio con la hija del faraón, según se nos dice en Reyes I, 3:1. Quizá también, como tenía la intención de construir el Templo de los Templos, exigió que parte de la dote de su esposa fueran conocimientos y técnicas secretos que le eran necesarios para poder llevar a cabo su obra. Y también en este caso los custodiase dentro del sitio más seguro, el Arca.

¿Llegaron por este camino a manos de los templarios? Desde luego hay un hecho a tener en cuenta, la primera conversión de elementos arquitectónicos románicos en otros que posteriormente fueron llamados góticos y las nuevas catedrales que se fueron construyendo en este nuevo estilo grandioso aparecen de repente, y responden a criterios arquitectónicos procedentes de Egipto (como la estructura de la cruz llamada *Ank*). Seguramente fueron proporcionados a las cofradías de canteros protegidos y financiados por ellos, que los aplicaron respondiendo a un propósito del Temple de que los grandes santuarios fueran un reflejo de lo divino en la Tierra.

Esto significó que también la introducción en Europa de prácticas a caballo entre lo filosófico y la mitología, como la astrología (por la supuesta influencia de los astros sobre los cuerpos terrestres) y una tecnología muy antigua que sería muy útil, la alquimia.

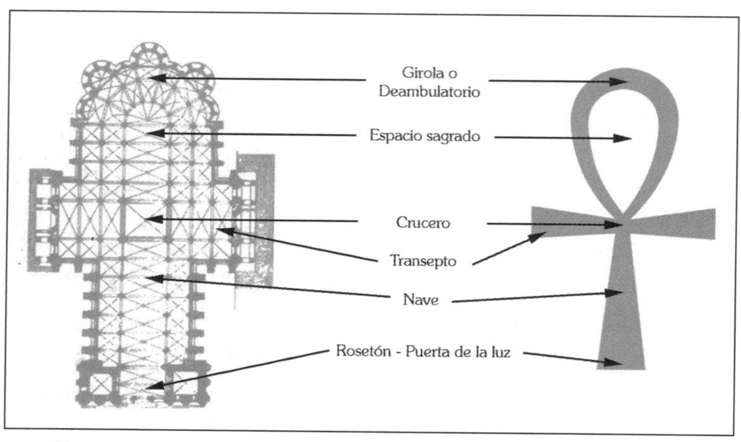

Veamos la semejanza entre la planta de la catedral de Chartres y el *Ank* egipcio.

Las actividades visibles y los saberes ocultos

La historia de la Orden y sus vicisitudes son fáciles y conocidas, porque se ha escrito lo inimaginable sobre estos hombres. Puede consultarse en numerosos sitios. Por eso analizaremos algo menos estudiado como tratar de averiguar qué posibles conocimientos adquirieron como consecuencia de su participación en las Cruzadas y que diseminaron a lo largo de cientos de rutas entre Jerusalén y Santiago de Compostela cruzando Europa.

La ciudad donde predicó Jesús era además punto de llegada de cuantos transitaban por la conocida hoy como «Ruta de la Seda» o más propiamente en aquellos tiempos «Ruta de las Especias». Viniendo desde Extremo Oriente, no era sólo un camino donde se producían numerosos intercambios comerciales, sino también una vía por la que llegaron hasta nuestras latitudes muchos conocimientos de todo tipo, que fueron aplicados en muy diversos campos, y también dieron lugar a otros nuevos.

En primer lugar hay que señalar que el inmenso poder poder económico de los templarios les permitió convertirse en los primeros banqueros conocidos que funcionaron con eficacia. Un «pagaré» firmado en Jerusalén podía hacerse efectivo en cualquier lugar de Europa o Asia donde hubiera una encomienda regentada por ellos. Su prestigio fue creciendo y haciéndose inmenso gracias a su gran solvencia. Acumularon tal cantidad de riquezas y posesiones procedentes de las donaciones que iban recibiendo de casi todo el mundo, que se convirtieron en propietarios de gran parte de la hacienda de los reinos cristianos. Sus riquezas eran las principales garantías para aquellos que recurrían a sus servicios. Entre sus deudores no sólo había peregrinos, caballeros y señores feudales, también clérigos, príncipes de la Iglesia, reyes y estados.

En segundo lugar, su actividad militar consistió fundamentalmente en acudir en apoyo de los monarcas que participaron en las Cruzadas, pero no sólo en Asia Menor, sino en otros lugares, como Inglaterra, Italia o España, aparte del país donde nacieron, Francia.

Fueron soldados y gestores eficaces, aunque sufrieron algunas derrotas desastrosas que diezmaron sus huestes, como la famosa batalla de los Cuernos de Hattin (Qurunhattun), en la que también perdieron muchos efectivos los hospitalarios.

Ejemplo de la eficacia de su misión son la gran cantidad de edificios religiosos, hospitales y castillos templarios construidos o utilizados en el Camino de Santiago, como por ejemplo la iglesia de Santa María de Eunate, la «Linterna de los Muertos» de Torres del Río o el castillo de Ponferrada. Particularmente, en el corazón más escondido de la provincia de Soria estuvo uno de sus enclaves más singulares, el Priorato de San Juan de Ucero. Y perteneciente a él nos queda la iglesia protogótica de San Bartolomé, en medio del Cañón de Río Lobos, recortándose contra las escarpadas peñas donde los buitres son los dueños legítimos del aire y del silencio. Un monumento único en el mundo por su extraordinario simbolismo templario, además enciclopedia de las misteriosas marcas de cantero, características de los edificos románicos y góticos.

Parte de su poder militar procedía de la circunstancia de que, para ser independientes, crearon una gran flota capaz de rivalizar con la de los mercaderes genoveses. Navíos como *El Halcón del Temple* o *La Bendita*, aparte de suministros y mercancías, trasladaban a los peregrinos ha-

Ponferrada, una de las más emblemáticas fortalezas del Temple. Desde aquí se controlaba toda la región del Bierzo leonés, cruzado por el Camino de Santiago. Además se dirigía la explotación de las cercanas Médulas. Algún investigador afirma que su planta es reflejo de las constelaciones del Zodiaco.
Más abajo podemos ver algunas marcas de cantero en San Bartolomé, Cañón de Río Lobos, Soria.

Iglesia de San Bartolomé. Río Lobos, Soria.

cia Tierra Santa o Santiago de Compostela. Se cuenta que de Marsella partían entre tres mil y cuatro mil cada año. Además, antes de embarcarlos, les alojaban en lugares como Barletta, Brindisi o Arlés.

Para atender a tan gran flota, construyeron o adquirieron puertos como Mónaco, Colliure, Mallorca o Ille-aux-Moines, en la costa bretona. También tuvieron muelles en lugares como Toulon, Marsella o Beaulieu. Alrededor de su puerto principal, La Rochelle, flota una de esas leyendas difícilmente demostrables que mitifican al Temple.

La gran cantidad de rutas que partían de este puerto, rodeado por otra parte de gran número de encomiendas, nos hace sospechar que no estaba destinado a los barcos que partían hacia Asia. Cruzar por el Estrecho de Gibraltar no parece el mejor camino para ir a Tierra Santa. Por eso, Jean de la Varende planteó la posibilidad de que la función principal de este puerto fuera la de mandar navíos a través del Atlántico que llegarían a México o Brasil, donde explotarían algunas minas de plata de las que tuvieron noticia por medios que desconocemos. Algunos expertos han señalado esta posibilidad observando algunos símbolos y documentos que están en las Islas Canarias.

¿Es posible que estos monjes, conociendo perfectamente las tradiciones, por ejemplo de los pescadores vascos que iban a pescar a Terranova mucho antes del nacimiento de Cristóbal Colón, o los viajes que realizaron *drakkars* vikingos a la costa americana, realizaran en secreto viajes a la costa americana y explotaran sus riquezas?

¿No existían entre los nativos tradiciones con las que se encontró el marinero genovés, supuesto descubridor de aquel continente, que hablaban de hombres barbudos que llevaban cascos? ¿Por qué colocó en las velas de la Pinta, la Niña y la Santa María la misma cruz que usaban los templarios? ¿Quizá viajó siguiendo la ruta descrita en algún plano antiguo que podría haber pertenecido a los marinos de la orden, una de cuyas ramas no disueltas, por cierto, se transformó en la portuguesa Orden de Cristo, muy cercanos a Enrique el Navegante?

El investigador Jacques de Mahieu afirma haber hallado algunas pruebas de la presencia de templarios en América tras analizar ciertos petroglifos. El canario José Antonio Hurtado, en el libro *La ruta T y D*, nos pone sobre la pista de un curioso cartulario elaborado por los cartógrafos Abraham y Jafudá Cresques en el siglo XIV, en el que aparecen una serie de signos que parecen indicar rutas que ya se empleaban para viajar a través del Atlántico, y los lugares importantes donde encontraron cosas reseñables.

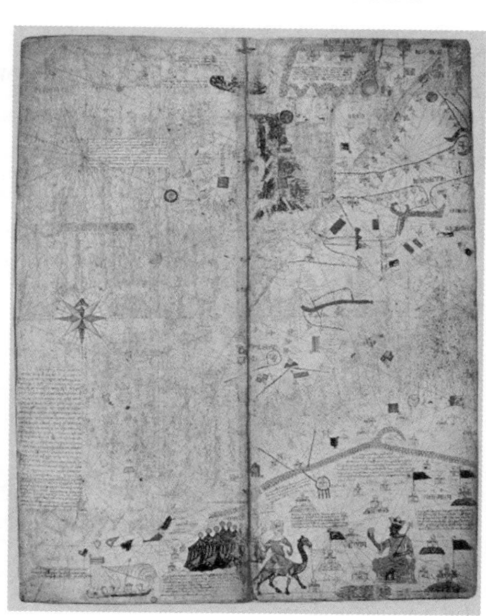

Página del Atlas catalán de Abraham Cresques, un curioso cartulario del Siglo XIV. Biblioteca Nacional. París.

Está por demostrar si tales viajes se produjeron y si con ellos obtuvieron metales preciosos, pero seguimos en terrenos abonados por simples conjeturas.

Tal sucede con el proceso seguido para disolver la orden, en el que fueron acusados de haber empleado métodos poco ortodoxos para obtener grandes cantidades de oro, en concreto la alquimia, aunque nadie fue capaz de encontrar entonces, ni después, tales riquezas en ninguna parte. Desde luego no tenemos constancia de que nadie lo haya hecho nunca. Sus tesoros realmente fueron los productos obtenidos de las donaciones y los procedentes de acciones de guerra y de su actividad como «banqueros». Y éstos, en el caso francés desaparecieron como por encanto y aún siguen sin aparecer.

Ilustración antigua que nos muestra un laboratorio alquímico.

En el caso de España existen también numerosas leyendas al respecto en lugares como la localidad segoviana de Maderuelo o en el castillo de Montalbán, donde tampoco han sido encontrados.

Sin embargo si tuvieron contacto con los secretos de la alquimia, que fueron obtenidos por el contacto con sabios árabes y persas, y si tuvieron otras consecuencias comprobables hoy. Las manipulaciones realizadas sobre distintos materiales permitieron la creación de las maravillosas vidrieras góticas y sentaron las bases de la actual tecnología del vidrio (aunque realmente desconocemos algunos de los procesos que descubrieron relacionados con la obtención de ciertos colores).

No sabemos cuantos templarios fueron «adeptos» iniciados en el llamado también *Ars Magna*. Desde luego my pocos, seguramente los de origen noble pertenecientes a los círculos superiores, que realizaron sus prácticas en el más absoluto secreto.

El rosetón gótico fue posible gracias a hallazgos de los alquimistas. En la foto, el de la Catedral de Notre Dame de París.

Hasta aquí todo forma parte de un *totum revolutum* especulativo, aunque muchas de las sospechas están perfectamente justificadas. Sin embargo, hay asuntos sobre los que no existe duda ninguna. El gótico aparece en pleno período románico, como una verdadera revolución en el concepto de espacio sagrado. Los edificios anteriores eran recintos casi monacales, donde los clérigos estaban separados del pueblo llano. Con la construcción de las catedrales góticas, el pueblo pudo acceder al recinto sagrado en condiciones de igualdad con respecto a los religiosos. El nuevo espacio fue concebido como lugar de reunión, dotado de características especiales.

Esta era una idea aperturista acariciada por el Temple desde su fundación, que apoyó a los constructores de estos recintos y les indicó cómo debían realizarse.

La primera aplicación del nuevo estilo sería la girola que se añadió al panteón real de Saint Denis, cerca de París. La nueva incorporación, el «deambulatorio» que rodea al altar mayor, es la recuperación del concepto de *Sancta Sanctorum*, donde el creyente toma conciencia de quien es y es consciente de su verdadero lugar dentro de un evidente «Plan del Creador» para el que el nuevo recinto sagrado sirve de instrumento.

A partir de ese momento, crece en todas partes un ansia febril por constuir de este modo, lo que lleva a que todo el mundo quiera tener su catedral. Como consecuencia aparecen nuevos oficios artesanales relacionados con la escultura, el trabajo de la madera y de los metales. Se incorporan también nuevos métodos de trabajar la piedra para aligerar las paredes y convertirlas en espacios traslúcidos donde se plasma todo tipo de escenas, tanto religiosas como simbólicas.

Simbolismo templario

Las otras órdenes religioso-militares tuvieron algunos símbolos distintivos que fueron evolucionando a lo largo del tiempo. En el caso del Temple y durante su existencia fue especialmente rico y variado y tras su disolución siguió creciendo por parte de los entusiastas que se consideraron sus herederos.

Como ya sabemos, el lema de la orden fue: *Non nobis, Domine, non nobis sed nomini tuo da gloriam* (ver página 50). La entrega en cuerpo y alma a un Dios omnipresente, el Gran Creador de todo, el verdadero Gran Arquitecto del Mundo. Pero es a su vez una fórmula mágico-verbal con gran poder para permitir a quien la utilice bien comprender su ubicación dentro del engranaje universal.

Ya conocemos dos, el *Beauceant* (página 48), y el sello más famoso de todos cuantos tuvieron, el que representa a dos caballeros sobre el mismo caballo (página 50). Se adoptó siendo gran maestre Gilberto Erail en el año 1200. La inscripción que figura en él reza: *Sigilum Militum Xpristi* (Sello de la Milicia de Cristo). Sin embargo hay otros con distintas variantes. Este símbolo ha sido interpretado de muy diversas maneras. Algunos quieren ver la dualidad de Cristo, que es Dios y Hombre, y el caballo un vehículo de traspaso del mundo terrenal al celeste. Los amigos de la cábala nos hablan del 2 + 1 = 3 como el principio trinitario de Dios y el número perfecto de la luz. Caben todas las interpretaciones, incluso algunas pueden complementar a otras, pero un simple análisis nos conduce a otra pista: dos caballeros comparten el mismo caballo a la hora de guerrear con sus armas. O sea, pobreza, humildad, compañerismo y abnegación, que por otra parte se encuentran muy a menudo en el ideario que representa la regla de la orden.

Aunque la cruz que se ha hecho famosa es la típica paté de color rojo, existen otras utilizadas en distintos sitios. Algunos maestres, incluso encomiendas enteras, utilizaban una *tau* griega lo que, por cierto, ha dado lugar a que todas las crucifixiones representadas utilizando este tipo de cruces nos revelan el caracter de iniciados de sus realizadores. Encontramos varios casos como el llamado Cristo de los

Cruz paté
Tau

Alemanes en Puentelarreina (Camino de Santiago) o la tumba de alguien que, en principio, no parece tener que ver con ellos, aunque estuvo muy cercano, el obispo guerrero y constructor don Bernardo de Agen. Ésta se encuentra en el interior de la catedral de Sigüenza. También podemos ver una gran *tau* significando y protegiendo la entrada al castillo de Ponferrada. También tenemos la cruz de las ocho beatitudes, un desarrollo de la paté para dotarla de ocho puntas. Simboliza las bienaventuranzas a las que hizo referencia Jesucristo en el Sermón de la Montaña.

Los escudos ajedrezados, pintados en *losanges* (rombos) alternativos en blanco y negro son otra referencia a la dualidad gnóstica que forma parte de todo su cuerpo doctrinal. Podemos encontrar un buen ejemplo en un capitel existente en San Bartolomé de Ucero.

Un distintivo bastante frecuente en los recintos religiosos del Temple es la presencia de crismones, el anagrama de Cristo. Su origen está en el sueño que tuvo Constantino antes de la batalla de Magencio, cuando se le apareció este

Paté alisada

Ocho beatitudes

símbolo junto a la leyenda *In hoc signo vinces* (con este signo vencerás). No obstante, la tipología de los mismos es tan extensa y variada que podemos encontrarlos de seis brazos, de ocho, cruzados, con alfas y omegas, con una S que representa una serpiente, símbolo de la sabiduría. Hoy día no sabemos si alguno de ellos era su preferido.

Crismón.

Cristo crucificado en un árbol estilizado en forma de *tau*. Tumba del obispo Bernardo de Agen, catedral de Sigüenza.

Posteriormente, en el proceso de disolución se les atribuyeron una serie de símbolos cuya naturaleza no está clara, ni nada tiene que ver con las acusaciones que se les realizaron. El famosísimo *Baphomet*, una especie de diablo andrógino, a decir de unos; cabeza parlante, a decir de otros; es representado de muchos modos, como por ejemplo la cabeza de un negro que tiene los ojos cerrados. Este símbolo viene directamente del mundo celta. Es reminiscencia de los cultos de las «cabezas cortadas», mediante los cuáles los guerreros creían conseguir el valor, la fuerza y la sabiduría de sus enemigos. Hay regiones enteras que habitaron estos pueblos y que aún conservan restos de los símbolos, por ejemplo la zona de las Batuecas, en España o en las cercanías de la actual Zaragoza (*Bilbilis*).

Se ha relacionado acertadamente la presencia en las construcciones románicas de las conocidas marcas de cantero (ver página 67) con las cofradías de constructures. Sin embargo, esto, que parece obvio, nos pone tras la pista de un gran misterio: ¿para qué servían? Desde las teorías más ortodoxas, que nos hablan de una especie de firma para cobrar sus trabajos, hasta las más arriesgadas y esotéricas, que les atribuyen funciones sacralizadoras o activadoras de la energía de las piedras, hay muchas hipótesis perfectamente posibles. Sea como sea, todos los edificios relacionados con nuestra ya familiar orden tienen numerosas marcas características. No sólo conventos, encomiendas, ermitas o iglesias, sino también los mismos castillos. Se ha llegado a sospechar que fueron ellos quienes mandaron grabar este tipo de signos con algún fin que, desde luego hoy día desconocemos, se diga lo que se diga. Recordemos que la dificultad resulta enorme teniendo en cuenta que ignoramos totalmente cómo se llamaba la mayoría de los constructores medievales. Sólo hay algunas referencias, unas vagas y otras comprobadas, como un tal Bohar en San Bartolomé de Atienza o el Maestro Mateo en la catedral de Santiago de Compostela. El arte románico está despersonalizado. Algo lógico si entendemos que entonces todo giraba en torno a Dios y el hombre importaba poco.

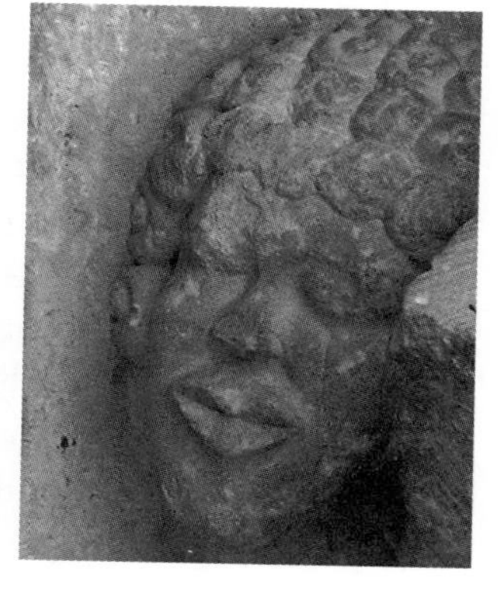

El «negro» del mensario medieval de la iglesia de San Miguel en Beleña de Sorbe, Guadalajara. Posiblemente se trata de una representación atípica de un *Baphomet*.

El fin de la orden

Al término de las Cruzadas, los templarios constituían un peligro para Felipe IV, el rey de Francia. Eran demasiado ricos, demasiado poderosos y,... sobre todo eso, eran demasiados. Había contraido grandes deudas con ellos y éstos no le debían ninguna explicación, puesto que estaban únicamente sujetos a la obediencia al Papa. Por otra parte, tanto los nobles como el pueblo comprobaban día a día que la gran cantidad de posesiones que tenían era cada vez mayor, e impidía que la riqueza se repartiera de un modo más justo según su percepción.

Ante la miseria generalizada, a veces algunos soldados que habían ingerido más alcohol del razonable («bebes más que un templario», se decía popularmente) hacían ostentación de su opulencia. Quedaban lejos ya los tiempos en que nació la orden y sus virtudes sólo eran ya practicadas en altas instancias. Con tal número de monjes-soldado no era difícil que surgieran problemas, como saqueos, robos y algunos asesinatos. Los auténticos sabios y místicos que estaban en su seno cada vez iban siendo más pocos y discretos, y se desentendían de una «clase de tropa» a la que ya no controlaban con la eficacia anterior.

Felipe el Hermoso quería aprovechar todas estas circunstancias. El rey capeto necesitaba aliados de confianza capaces de urdir una intriga que terminara en un proceso para tratar de disolver la orden acusándoles de todo tipo de prácticas heréticas. Para ello utilizará principalmente a dos personas, el dubitativo Bertrand de Got, que subió al solio pontificio con el nombre de Clemente V, y un funcionario soberbio, inteligente y capaz de servir a sus propósitos, Guillaume du Nogaret, su canciller.

Felipe IV Capeto el Hermoso.

El hombre que utilizó todo tipo de patrañas para terminar con ellos había nacido en Saint Félix de Caraman, cerca de Agen. Fue nombrado consejero real en el año 1296 y caballero en 1299. Fue hombre de confianza del rey, que le había encargado ejecutar algunas confiscaciones, como el expolio de los bienes de los judíos occitanos, a los que se añadieron los banqueros de Lombardía. Una medida injusta, pero necesaria para conseguir que la hacienda real se recuperara tras la derrota de Courtrai en 1302, al final de la guerra con Flandes. Las arcas de la Corona estaban sin fondos, las deudas acuciaban y la búsqueda de supuestas herejías o agravios a la Iglesia constituía una de las formas de reponer fondos con los de los acusados y condenados en los procesos.

El sistema no fue exclusivamente utilizado por el rey francés. Tenía un precedente en Fernando III de Aragón, el rey Católico, que lo empleó con éxito. No había más que acusar a los judíos, por ejemplo de ser herejes, para que fueran conducidos ante los tribunales de la Inquisición e incautarles todas sus riquezas. Como en las confesiones conseguidas mediante tortura, era muy difícil contravenir el empeño del interrogante porque «*dijeran lo que dijeran, tenía que ser una respuesta afirmativa a las acusaciones o su negativa, la contumacia del diablo que les poseía...*», la mayoría terminaba cediendo ante los terribles suplicios. Un retracto posterior significaba ser tratados de relapsos, con lo cual eran condenados a muerte y entregados al poder civil que, ya sin interrogatorios, los llevaba a la hoguera o la horca sin ninguna instancia de apelación, a no ser que mediara la indulgencia de algún amigo poderoso dispuesto a defender, mediante influencias o dinero, sus intereses.

«La práctica diaria de la justicia en estos años consistía en someter al sospechoso a tortura hasta obtener la confesión de los delitos de los que era reo. Esto significaba sufrir oprobio público, y en caso extremo terminar en la hoguera (y en algunos casos ser perdonado, según las conveniencias). Arrepentirse no significaba el perdón de la culpa. Pero, como muchos acusados se retractaban de lo obtenido en los interrogatorios, una vez que estos habían acabado, entonces la Iglesia se lavaba las manos y les mandaba a la justicia ordinaria como «relapsos» o, lo que es lo mismo, arrepentidos. La condena entonces, invariablemente, era la muerte, por el método más conveniente y espectacular para ejemplo público. Especialmente morbosa era la hoguera. Excitaba mucho las bajas pasiones de una pleble sedienta de espectáculo en sus aburridas vidas. Pero su intención ejemplarizante no era todo lo eficaz que se pretendía, simplemente se convertía en una orgía visual cruel y absurda que llevó a muchos hombres y mujeres a terminar su vida sufriendo inutilmente. Eso sí, con el beneplácito de las autoridades religiosas. El mensaje de paz y amor de Jesucristo se convirtió en la Baja Edad Media en una de las praxis más infernales y terroríficas que haya ejercitado el hombre. Dolor y sufrimiento gratuitos y absurdos, tras los cuales no había otra cosa que intereses ecónomicos y políticos. Se produjeron casos tan aberrantes como los de la «prueba de Dios» u «ordalía». A veces se hacía con el fuego y a veces con el agua. Un ejemplo: se arrojaba a una pobre mujer acusada de brujería a un río. Si flotaba, «es que era inocente». Si se hundía, «culpable» (todas lo fueron, la mayoría mujeres con enfermades nerviosas). La lógica y el sentido común fueron sustituidas por el culto más fundamentalista posible a la patraña y el absurdo. Esa es la herencia moral de quienes se consideraban los líderes espirituales de la humanidad y ejecutores de la voluntad de Dios. Una lección difícil de olvidar por quienes sufrieron su condición de heterodoxos.

La historia de la Iglesia ofrece muchos contrastes. Algunos Papas han muerto envilecidos, otros envenenados (quizá por sus sucesores). En ocasiones, la cacareada infinita bondad de Dios nada ha tenido que ver con la de sus representantes oficiales. Y, a pesar de aceptar la doctrina y sus mandatos, la gente ha criticado a sus pastores espirituales acusándoles de mantener una doble moral. Afortunadamente, muchos hombres en el seno de la Institución han seguido la senda marcada por Jesús de Nazaret, como San Antonio Abad, San Juan de la Cruz, San Francisco de Asís, Teresa de Cepeda y Ahumada, canonizada como Santa Teresa, la venerable madre María Jesús de Agreda, Hildegarda de Bingen o Juan Duns Scoto Erígena, por poner algunos ejemplos a riesgo de ser injusto con muchos otros que tienen tantos o más méritos que los citados. Recientemente Juan XXII estuvo a punto de conseguir una Iglesia más acorde, según mi criterio, con el mensaje original.»

El Processus

Felipe IV consiguió la autorización de Clemente V para arrestar a los templarios franceses con los argumentos elaborados por Nogaret, con lo que fueron detenidos el viernes 13 de octubre de 1307.

A partir de entonces comenzó el conocido hoy como *Processus contra Templarios*, en el que fueron acusados de los diversos cargos que conoceremos aparte acompañados de algún comentario.

Durante muchos años se ha considerado que fueron condenados de los delitos que se les imputaban, pero la reciente aparición del *Pergamino de Chinon*, publicado por el Vaticano, lo desmiente categóricamente.

El documento fue redactado en esta población, cercana a Tours, en los días 17 al 20 de agosto del año siguiente y en él aparecen los interrogatorios realizados y la resolución papal, que exonera de culpabilidad a Jacques de Molay, Geoffrey Charney y sus seguidores, solicitando su absolución. Niega las acusaciones de traición, herejía y sodomía. Pero a pesar de esto, no pudo evitar que fueran llevados a la hoguera el 18 de marzo de 1314 para evitar un cisma en la Iglesia francesa, que tenía muchos otros problemas en ese momento.

La persecución de los templarios fue particularmente encarnizada en Francia. En España, Portugal o Escocia casi no se les acosó, y se les permitió reinsertarse en otras órdenes, como las de Montesa, Santiago y Calatrava. En Portugal se unieron a la Orden de Cristo, convirtiéndose en expertos marineros al mando de Enrique el Navegante.

El fin de la orden presenta algunos interrogantes. ¿Por qué una tropa tan bien pertrechada y tan poderosa se

El *Pergamino de Chinon* certifica que los templarios fueron absueltos por Clemente V.

dejó detener tan fácilmente sin poner gran resistencia? La actitud que adoptaron los últimos Grandes Maestres hace pensar en que sabían que no podían seguir por el mismo camino y fueron ellos mismos quienes decidieron transformarse en «otra cosa» para poder seguir en busca de sus objetivos, aunque nunca pensaron que llegarían a morir en la hoguera.

LOS CARGOS CONTRA EL TEMPLE

Jacques de Molay y los freires fueron acusados de los mismos cargos con que se justificó el proceso de otros grupos en aquellos tiempos, y de algunos otros específicos. Resumimos algunos de ellos, a sabiendas de que, en general, fueron falsedades concebidas *ad hoc*.

- ***Negaban los sacramentos***, y en consecuencia sus eucaristías eran pura hipocresía, algo improbable, los respetaban tanto que incluso cuando no tenían capellanes, se los suministraban sacerdotes de otras órdenes.

- ***Escupían sobre la cruz***, como primer rito de acceso a la orden (*parece que olvidamos que hasta no mucho tiempo atrás, ésta no era considerada sino como el instrumento de tortura en el que había muerto el Hijo de Dios, y que como tal estaba sujeto a una consideración ambivalente*). La cruz fue instaurada como símbolo del cristianismo por Constantino; anteriormente, las señas de identidad utilizadas más frecuentemente fueron el pez, el cordero y una representación más o menos abstracta del pan que utilizó Jesús para instituir la Eucaristía como sacramento durante la Última Cena.

✠ El ceremonial de ingreso en la orden incluía el llamado ***beso negro***, o sea, en el ano del oficiante (*nada raro, puesto que se consideraba como la prueba necesaria para demostrar obediencia, humildad y sumisión*). De todas maneras, no es fácil que tal práctica se empleara frecuentemente. Posiblemente era un rumor más que otra cosa alimentado por su secretismo. Las ideas occidentales no permitían tanta liberalidad con lo que realmente era un rito importado de otras culturas asiátias y africanas. Es posible que sucediera alguna vez, pero también es improbable. Mejor pensar que era una exageración popular sin base real.

✠ ***Sodomía***. A veces, los soldados aliviaron sus necesidades sexuales con sus propios compañeros. Las campañas eran largas y no había mujeres disponibles allá donde iban. No era exactamente homosexualidad, sino atender a la propia fisiología. La única alternativa era violar a las mujeres de los vencidos. Ni siquiera el voto de castidad libraba a los hombres de la llamada de sus hormonas. Esto sin descartar que realmente estas prácticas se daban entre la «clase de tropa» más que entre los dirigentes. Nogaret había obtenido algunos testimonios particulares de templarios de base, y con ellos montó un proceso injusto a sabiendas que implicaba a toda la orden. Felipe IV el Hermoso no fue precisamente un ejemplo de moral cristiana, sino todo lo contrario. De nuevo debemos invocar el *Nuevo Testamento* en el pasaje donde se habla de «la paja en el propio ojo» y «la viga en el ajeno». El concepto de «virtud» ha estado siempre sujeto a interpretaciones interesadas a favor del interpretante.

✠ ***Renunciar a Cristo***. Dentro de toda práctica iniciática, se conoce lo que llamamos la «muerte», que consiste en despojarse de todo lo anterior para vestirse con las nuevas ropas de la sabiduría y la espiritualidad. No podemos ignorar que el Temple rendía culto y utilizaba como patrón con frecuencia a San Bartolomé. Este santo había sido torturado de un modo muy particular y simbólico: deshoyado. Estamos ante otro símbolo más que otra realidad, la serpiente que muda su piel. El hombre se desprende de su vida pasada para acceder a una nueva realidad espiritual. No renunciaban a Cristo, sino a su ceguera espiritual anterior.

✠ Obtención de riquezas mediante una ***alianza con el Diablo***. Ya hubiera querido el rey Felipe que Satanás se le hubiera presentado y le hubiera ofrecido un pacto que incluyera llenar sus arcas de «metálico». Fue este rey algo sinvergüenza, capaz de alterar la aleación de las monedas, una estafa para poder «sanear» sus finanzas, convirtió su reinado en una rapiña permanente de todo cuanto pudiera aliviar su situación de mal gestor. Un rey simoníaco y corrupto como pocos en la historia, capaz de envenenar a un Papa y de provocar el germen de un cisma que sumió a la Iglesia en grandes contradicciones hasta terminar en el episodio del Papa Luna, ya en el Renacimiento.

✠ ***Baphomet***. ¿Mahoma? ¿Un busto parlante dotado de sabiduría, que podía responder a las preguntas que se le hacían? Nada de eso. Estamos hablando de *Abraxas*, el principio gnóstico de la dualidad. El conflicto entre un cuerpo que es vehículo del alma y el espíritu, cuya verdadera naturaleza inmaterial le lleva a buscar a Dios, como semejante (así nos lo cuentan los libros sagrados: «*Dios hizo al hombre a su imagen y semejanza.*»)

Sic transit gloria mundi

Dicen que Jacques de Molay, cuando estaba siendo quemado, antes de morir emplazó a Felipe V, a Nogaret y a Clemente V para que se reunieran con él en el infierno antes de un año. Así sucedió, todos murieron en ese plazo, como si la maldición hubiera recibido el beneplácito del mismísimo diablo, ansioso de terminar con todos los protagonistas de estos hechos.

Cuatrocientos setenta y nueve años más tarde, cuando el último de los Borbones fue ajusticiado por la plebe en París utilizando la guillotina, alguien entre los asistentes gritó: «Jacques de Molay, ya has sido vengado».

¿Significa esto que la transformación había tenido lugar y que realmente desapareció el nombre, pero no el espíritu de la orden y su empeño de seguir influyendo en la política futura de Europa?

Parece ser que el espíritu del Temple trascendió el tiempo a través de seguidores que pertenecieron o crearon otras órdenes, como fueron los Fracmasones, los Rosacruces, y posteriormente los Masones. La forma de interpretar el Universo de éstos, y las relaciones con su Creador, dió lugar a la aparición de otro cuerpo simbólico extraordinariamente rico inspirado en conceptos de origen egipcio, como las pirámides, representación del mundo, bajo un ojo refulgente enmarcado por un triángulo. Dios el Gran Arquitecto de todo en toda su gloria.

En estos principios se inspiraron hitos como la abolición de la esclavitud, la Independencia norteamericana, la Revolución Francesa o la Declaración Universal de los Derechos Humanos.

Reverso de un dólar con algunos de los principales elementos simbólicos masones, posiblemente heredados del ideario gnóstico templario.

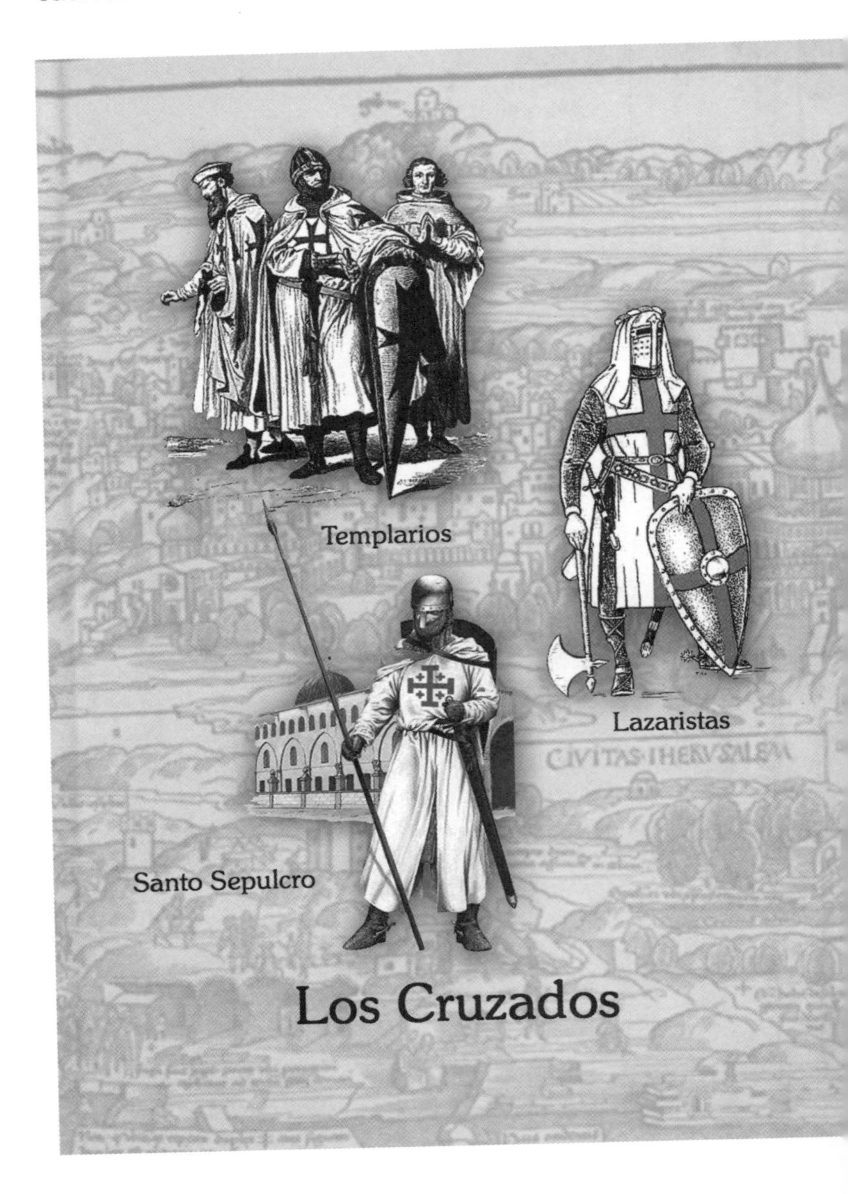
Templarios
Lazaristas
CIVITAS·IHERVSALEM
Santo Sepulcro
Los Cruzados

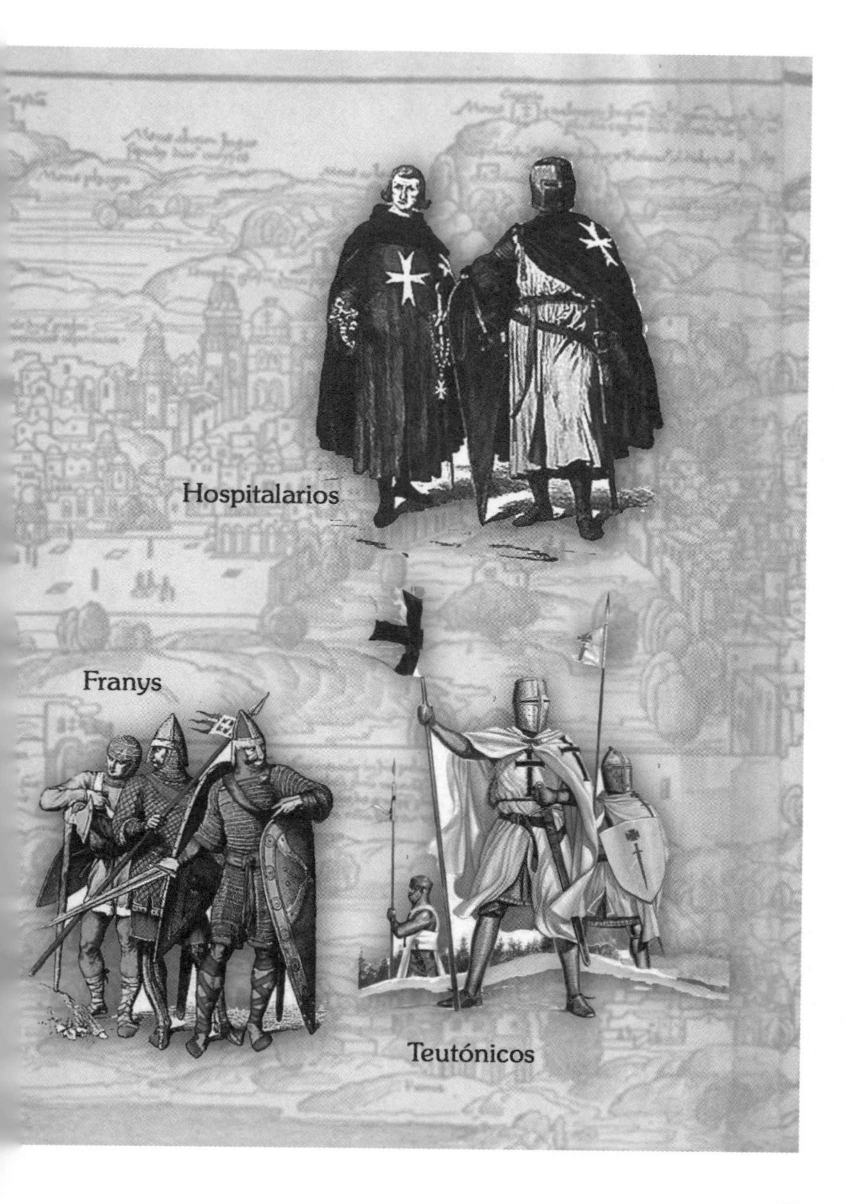
Hospitalarios
Franys
Teutónicos

Me llevó en el Espíritu a un monte grande y alto y me mostró la gran ciudad, la santa Jerusalén, que descendía del cielo de parte de Dios.

Apocalipsis, 21:10

TERCERA PARTE

LAS CRUZADAS

La Primera Cruzada

(1095-1099)

Primer Acto

La vehemencia de Pedro el Ermitaño

Fue en el año 1097 cuando un hombre llamado Orderic Vital Pedro, nacido en Amiens cuarenta y siete años atrás, recorrió el orbe cristiano arengando a los cristianos para hacer posible una Guerra Santa en contra dė los ocupantes de Jerusalén. Hombre vesánico y fanático, se inventó una serie de visiones en las que Jesucristo desde el mismo Santo Sepulcro le ordenaba que reuniera a todos los creyentes dispuestos a formar parte de un gran ejército que fuera a liberar la ciudad y, de paso, controlar los caminos utilizados por los peregrinos para llegar hasta allí. Además, el milenarismo excitó algunos movimientos integrista-cristianos, como los «monjes flagelantes».

Nota: Pueden verse los mapas descriptivos de Las Cruzadas en los anexos que figuran al final del libro.

Grabado que muestra a Pedro el Ermitaño convocando Primera Cruzada. Grabado de Gustavo Doré

Pedro el Ermitaño consiguió reunir cerca de sesenta mil voluntarios que cosieron una gran cruz roja en sus vestimentas y se convirtieron en una especie de horda descontrolada que se puso camino de Tierra Santa al grito de «¡Dios lo quiere!».

En Constantinopla, el basileus Alejo Comneno, como adelantamos, esperaba recibir ayuda de los gobernantes europeos para frenar las ansias expansionistas de sus enemigos, pero iban llegando noticias de los desmanes que causaban los desastrados que se acercaban a Constantinopla. Así que tuvo que tomar algunas decisiones para quitárselos de encima. Desde Bitinia, donde estaba realizando fortificaciones, mandó a Juan, duque de Iliria, que les suministrara las provisiones necesarias para que pasaran de largo y se fueran directamente a cruzar el Bósforo, camino de Tierra Santa.

El primer lugar al que llegaron fue a Nicea, dejando a su paso las huellas de su especial crueldad. Acamparon en Helenópolis y les recomendaron que esperaran al ejército que estaba reclutando Godofredo de Bouillón, compuesto por franceses y alemanes nobles. Sin embargo, muchos exaltados empezaron la campaña por su cuenta, haciendo gala de una brutalidad y crueldad desmedidas, como reflejan las palabras de la cronista Anna Comneno: «*... se dedicaban a quemar recién nacidos y también empalar y descuartizar a la gente*».

Al principio tuvieron algún éxito y causaron muchas bajas entre los turcos, pero en la retaguardia no había sentado bien tanta precipitación. Discutieron y una parte se separó y marchó con la intención de tomar la ciudad de Xerigordon, cosa que creyeron fácil. Durante la escaramuza, se presentaron tropas enemigas que venían de Nicea y masacraron prácticamente a todos. Mientras tanto, los que quedaron con Pedro el Ermitaño no tuvieron mejor suerte, puesto que cayeron en gran número de emboscadas, sobre todo en el paso de Dracón donde les capturaron y esclavizaron. Al parecer, los huesos de los muertos fueron empleados como material de construcción para levantar una fortificación en previsión de futuras campañas.

Sin embargo, el predicador que fue responsable de este fracaso pudo escapar y refugiarse en un lugar seguro del que sería rescatado por el basileus de Constantinopla. Aunque fue amonestado enérgicamente por su inconsciencia e imprevisión, culpó del fracaso a todos los demás con ademanes soberbios e insoportables, y se marchó para unirse a las tropas de Bohemundo y de Tancredo. Tiempo después volvería a desertar, dejando bien claro a todo el mundo su categoría moral.

SEGUNDO ACTO

Asedios y conquistas

Pronto llegarían a Constantinopla tropas más profesionales y mejor organizadas, al mando de algunos nobles franceses. El objetivo de éstos no era tanto liberar Tierra Santa como asentarse allí, conquistar sus tierras, y apoderarse de sus inmensas riquezas. Unos atravesaron el Mediterráneo en sus navíos y otros lo hicieron sobre sus caballos a través de los Balcanes y la región dálmata.

Alejo Comneno los recibió con amabilidad, pero sentía muchos recelos ante estos soldados bastante aguerridos, a la par que maleducados y soberbios. Hugo, hermano del rey francés, por ejemplo, llegó exhibiendo gestos de arrogancia insufrible. Sin embargo el basileus consiguió astutamente que le jurara lealtad. Quince días después llegó Bohemundo, conde de Tarento, que en el pasado había intentado arrebatarle el trono del Imperio, por lo que

tuvo que emplearse a conciencia para ser muy cauto, y a la vez hacer gala de sus dotes como diplomático.

Se calcula que en diciembre se habían concentrado en Constantinopla unos diez mil caballeros y alrededor de sesenta mil soldados de a pie. Todos dirigidos por su jefe principal, Godofredo de Bouillón.

Las relaciones entre el emperador y las tropas recién llegadas se ensombrecieron cuando Alejo intentó conseguir la lealtad de su cabecilla, buscando el apoyo de los otros condes. Los cruzados vieron en ello una traición y algunos soldados intentaron penetrar en la ciudad con malas intenciones. Sin embargo, la serenidad del monarca consiguió apaciguarles, incluso cuando una flecha se clavó en el pecho de un miembro de su escolta. Mandó a su yerno César Nicéforo Brienio organizar una tropa de arqueros y una fuerza de choque formada por caballería apoyada por ballesteros. Procuró que no hubiera excesivas bajas, simplemente exhibir todo su poder para tranquilizar a los condes. Godofredo juró lealtad al trono.

Poco después llegó el conde Raúl, al mando de unos quince mil hombres. También ocasionó algunos incidentes, hasta que acabó por someterse a la voluntad del emperador, cosa que tuvieron que hacer uno por uno todos los que fueron incorporándose posteriormente, jurando su condición de vasallos.

El sultán de Nicea, Kiliy Arslan, envalentonado por la masacre de los entusiastas alborotadores que habían seguido a Pedro el Ermitaño, no tomó suficientes precauciones y de repente se encontró frente a tropas mucho mejor preparadas y pertrechadas. Además, cuando se inició el asedio, se encontraba luchando contra su enemigo Danishmend en Armenia, así que fue su esposa la que tuvo que enfrentarse a las primeras escaramuzas. Viéndose en peligro, pretendió negociar su rendición a Alejo, antes que a los *frany* a través de la mediación de Manuel Butumites, general bizantino, pero corrió la noticia de que su marido venía de camino y la operación se detuvo.

Sin embargo, no pudieron levantar el asedio y Nicea cayó en poder de las tropas imperiales prácticamente sin combates. La sultana había negociado con ellos una segunda rendición mediante una estrategia bastante inteligente y práctica, consistente en que se produciría el asalto, pero sus soldados permanecerían quietos. Las banderas de Alejo hondearon a partir de entonces en la ciudad.

Los cruzados, que se vieron desprovistos del botín que pretendían, tuvieron que conformarse y reconocer la gran habilidad empleada por el emperador que, además acogió a la mujer de Kiliy, a la sazón embarazada, lo que hizo sospechar a los francos de su habilidad en jugar con todos en busca de su propia seguridad. Poco después, aprovechando todos estos acontecimientos, también tomó

MATILDE,
Ó MEMORIAS SACADAS
DE LA HISTORIA
DE LAS CRUZADAS;
ESCRITAS EN FRANCÉS
POR MADAMA COTTIN;
PRECEDIDAS DE UNA PINTURA HISTÓRICA
DE LAS MISMAS CRUZADAS.
POR MICHAUD.
Obra traducida al castellano, corregida y aumentada
con varias notas geográficas, críticas é históricas.
POR
D. Santiago de Alvarado y de la Peña,
Notario de los Reinos y del Ilustre Colegio de Madrid,
Editor de varias obras de práctica forense y literarias.

TOMO I.

MADRID:
Se hallará en la librería de RAZOLA, calle de
la Concepcion Gerónima, n.° 3.

Portada de una novela inspirada en las Cruzadas, publicada en el siglo XIX. En ella se pretende que los cruzados en general fueron hombres piadosos, generosos y comprometidos. Nada más falso.

Esmirna tras varios combates, que esta vez sí fueron duros y encarnizados. Poco a poco, volvió a recuperar el control de toda la costa del Egeo.

Tras cruzar la península de Anatolia, los cruzados se dirigieron a su destino final con la promesa de que las tropas imperiales se les unirían más tarde. Sin embargo el gran beneficiario de toda esta operación, por el momento, fue Alejo Comneno. En el camino hubo varias escaramuzas. Kiliy Arslan, por ejemplo fue derrotado de nuevo en Dorilea. Los arqueros turcos no conseguían traspasar las gruesas armaduras de sus enemigos con sus débiles flechas. Además, una parte de los soldados cristianos les atacó por la retaguardia, acabando con los pocos que quedaban en condiciones de luchar.

Este es el relato oficial, pero de nuevo la cronista Anna Comneno nos cuenta una anécdota algo distinta: *«Un cruzado, especialmente maleducado y soberbio, del que no conocemos el nombre, pero sí que era un jefe, se sentó indebidamente en el trono de Alejo. El diplomático, Bohemundo, le recriminó su actitud, con lo que se sintió muy molesto y empezó a insultar a todos y a decir fanfarronadas. El basileus le recordó que más adelante, en el camino, tendría ocasión de probar que sus palabras eran ciertas. Llegado a Dorilea, lanzó las tropas imprudentemente contra un grupo pequeño de soldados en busca de notoriedad fácil. Pero era una trampa que costó la vida a muchos francos. El jefe perdió los nervios y estuvo a punto de morir. La suerte quiso que apareciera el grueso del ejército y le rescatara. Los turcos perdieron, pero sus enemigos tuvieron muchas bajas.»*

Terminada esta batalla, siguieron camino de Jerusalén atravesando los montes Taurus. Tancredo se desvió con parte de sus tropas para conquistar algunos enclaves de la costa de Cilicia, que se negó a devolver al emperador. El grueso del ejército emprendió el sitio de Antioquía. Su emir Yaghi Siyán sabía que los cruzados tendrían muchas dificultades para asediarla, por la notable longitud de las murallas, de casi doce kilómetros, y el inconveniente de que estaban protegidas en parte por el río Orontes. Las provisiones empezaban a escasear y la moral de los soldados era muy baja. Además, los siete mil soldados turcos se defendían con uñas y dientes y no parecían dispuestos a rendirse fácilmente.

Hubo que pedir provisiones, que llegaron desde Chipre en navíos fletados para la ocasión. Durante el desembarco fueron atacados por los sitiados y perdieron casi todo lo que traían. Además, en el seno de las tropas invasoras crecían las intrigas y sospechas de que el emperador les había traicionado.

Bohemundo comunicó al general imperial Taticio que le iban a asesinar, así que éste se retiró prudentemente y los dejó abandonados a su suerte.

Yaghi buscó el apoyo de Ridwan de Alepo y de Dukak de Damasco, pero sus intentos de ayuda fracasaron por las luchas intestinas entre los propios árabes. El primero fue derrotado el 10 de febrero del 1098, aunque estuvo a punto de romper el cerco. En venganza, los cruzados arrojaron por encima de las murallas los despojos de los turcos muertos, que cayeron en el interior de la ciudad.

Llegaban malas noticias. El conde Stephen de Blois se volvía con sus tropas a Francia, cansado de una aventura que le significaba muchas más pérdidas que beneficios. Cuando llegó a Constantinopla, se lo comunicó a Alejo Comneno, quien también se enteró gracias a el que el sul-

Las tropas turcas, a pesar de su valor y fuerza en el combate, sufrieron importantes derrotas durante la primera de las campañas. Sin embargo la suerte cambiaría con frecuencia de bando en años siguientes.

tán de Mosul, Karkuba, había puesto en pie de guerra a treinta mil hombres, y consideró que ir a apoyar a los aventureros era un riesgo muy grande. Además como seguramente no iban a cederle derechos de conquista, ni siquiera los de sus propias tierras debido a sus intrigas, soberbia y ambición, dió la orden a sus tropas regresaran a Constantinopla.

Pero de repente la situación experimentó un giro notable. El día 3 de junio de 1098, gracias a la traición y el engaño perpetrado por Bohemundo, los cruzados pudieron entrar en Antioquía, donde pocos días después derrotarán a Karkuba, que no tuvo posibilidad de controlar las luchas intestinas dentro de su propio ejército. Aprovechando la ocasión, el jefe franco se autonombraría príncipe de Antioquía, rompiendo los acuerdos establecidos con el basileus bizantino, pese a la firme oposición del conde Raimundo de Tolosa.

Estas noticias llegaron a Constantinopla por boca de Hugo de Vermandois, príncipe de Francia, que reclamó de nuevo la ayuda del emperador, pero éste había disuelto ya su ejército y se opuso terminantemente a volver a convocarlo, gastando recursos que le harían mucha falta cuando regresara el resto de los cruzados. Su actitud le granjeará el odio de Bohemundo, que no atenderá posteriormente ninguna reclamación sobre las tierras conquistadas.

Los soldados descansaron un tiempo y luego emprendieron el camino que les llevaría a entrar en Jerusalén. Se incorporaron entonces tropas enviadas por Raimundo para reforzar el asedio de la ciudad.

Las escaramuzas duraron un mes, hasta que en julio del año 1099 la ciudad cae en manos de sus sitiadores. La matanza fue enorme, casi unas ochenta mil personas que ensangrentaron sus calles.

El último intento de evitarlo fue el emprendido por el visir de Egipto, que envió gran cantidad de tropas que también fueron derrotadas en Ascalón.

EPÍLOGO

El primer rey cristiano de Jerusalén

ESTAMOS EN UN PUEBLO MUY PEQUEÑO, SAINT HILAIRE, en el Languedoc. Hay unas veinte casas y una abadía rodeada de cuervos que vuelan a su alrededor graznando continuamente. Un peregrino andrajoso llega por la carretera. El único adorno que resalta en su pobre indumentaria es una cruz roja marcada toscamente con algún pigmento sobre los andrajos. Se apoya para andar en un cayado desgajado de una rama de fresno, del que cuelgan una calabaza y una cinta de color azul oscuro, coronado por una ramilla atada en forma de cruz.

Claustro de la Abadía de Saint Hilaire. Sur de Francia.

En sus ojos hay un brillo especial, una especie de luz que chisporrotea. Sube hasta el pórtico de la iglesia y allí empieza a dar grandes voces, vehementes y seguras. En el mediodía, por el calor, las gentes se agolpan buscando las escasas sombras. La más confortable es la del claustro, donde una fuente rumorosa proporciona un ambiente más fresco. El caminante trae una historia que pretende contar a la gente que, poco a poco, va poniendo atención en escucharla.

—¡Venid, venid todos! Os traigo una buena noticia.

El orador, con ademanes de profeta, gesticula notoriamente con pomposos aires de juglar.

—¡Acudid todos y escuchadme! Traigo buenas nuevas de Tierra Santa.

La gente, descansa de las faenas agrícolas, y se va arremolinando en el claustro porticado, abierto a esas horas, bajo la hierática mirada de los personajes representados en los capiteles y canecillos. Cuando el orador considera que hay un número suficiente de oyentes, empieza a contar su historia en el tono con el que los antiguos rapsodas griegos relataban las aventuras de Ulises (la Odisea), y las peripecias de la conquista de Troya.

—«Los judíos fueron sus primeros moradores, luego fueron los árabes y,... ahora, en el año 1100 somos los cristianos. En el verano anterior, un hombre bueno y piadoso, al mando de sus hombres, desde una torre de asalto hecha con palos, consiguió penetrar en la ciudad donde mataron

a Jesús, el Cristo, y conquistarla para que por fin allí se pudiera oír en todas las esquinas, en todas las iglesias, las palabras del Hijo de Dios. Ese fue el heredero de Eustaquio II de Bolonia, dado a luz por Ida, primogénita de Godofredo el Barbudo, señor y duque de la Baja Lorena. El héroe se llama Godofredo de Bouillon, y murió hace muy pocos días, el 18 de julio, y aquí estoy para contaros sus admirables hazañas.»

La gente le mira boquiabierta y cada vez escucha con más atención. Alguno se presigna apresuradamente. Otros juntan las manos y miran al cielo.

—«*Godofredo fue el primer caballero de la Cruzada. Con sus hermanos Balduino y Eustaquio, marchó en 1096 al mando de otros 10.000 compañeros, reforzados por casi 30.000 infantes valones y flamencos. Entre ellos destacaba la espada de Tancredo, el mejor de todos los luchadores de su tiempo. Llegaron al río Danubio a comienzos del otoño. Acampó allí y envió emisarios al rey de Hungría, Colomán, para que les franqueara el paso por sus dominios. Pero éste le exigió que se presentara personalmente ante su trono. Habéis de saber que así lo hizo, aunque tuvo que pasar por la humillación de dejar como rehenes a su hermano Balduino y a su esposa.*»

Se escuchan murmullos asombrados entre el público, entusiasmado con el relato de las hazañas de los soldados de la cristiandad en Tierra Santa. hacía tiempo que tenían grandes esperanzas en poder volver a visitar el Santo Sepulcro sin los peligros de antaño.

***Godofredo de Bouillón conquista Jerusalén al frente de sus tropas*. La estatua está en la Plaza Real de Bruselas.**

—«Los soldados, que iban pregonando a los cuatro vientos ¡Dios lo quiere!, llegaron con todos sus pertrechos hasta las puertas de Bizancio. El basileus Alejo Comneno les rogó que apaciguaran su violencia a cambio de ayuda. Porque habéis de saber que..., de tan enardecidos que estaban, se excedían a veces en su furor guerrero y cometían algunos desmanes. El día 26 de noviembre llegaron hasta Filípolis y el 8 de diciembre a Adrianópolis. Luego fueron a cruzar el brazo de mar que los viejos marinos llaman el Helesponto.

Godofredo sabía que el príncipe Hugues estaba allí retenido. Así que pidió su liberación, pero no se la concedieron. Entonces fue presa del pecado de ira, y con gran furor saqueó Salabra. A partir de entonces, y hasta que llegaron a Constantinopla, estuvieron vigilados de cerca por las tropas imperiales, que no se fiaban de aquellos cristianos dispuestos a todo.

Al general Alejo le inquietaba que sus tropas se unieran allí con las del líder de los normandos Bohemundo, así que les puso algunos pretextos y dificultades. Entonces, nuestro príncipe se irritó y hubo algunos combates y escaramuzas, pero acabó siendo derrotado y tuvo que rendir homenaje al Emperador.

Pero habéis de saber que, antes de llegar a la Ciudad Santa, fue herido gravemente durante una cacería, lo que le debilitó notablemente. Así que se sometió a las órdenes de Bohemundo, quién se hizo cargo de las tropas. Aprovechó entonces para ir a visitar a su hermano Balduino a Edesa, recientemente conquistada. Allí se repuso, y dicen que tan bien, que con tan sólo doce caballeros rompió los nervios de ciento cincuenta turcos, tras seccionar a uno de ellos por la mitad de un solo tajo.»

Como quiera que la historia se hacía algo larga y algunos empezaban a aburrirse y marcharse, elevó el tono de la voz y trató de enfatizar más y mostrarse mucho más vehemente.

—*«El día que debéis recordar es el 15 de junio del año de gracia del 1099.*

Cuando no eran aún las nueve de la mañana, Godofredo y Eustaquio, uno de sus hermanos, adosaron una torre de madera a los muros de Jerusalén, tras meses de sitio, y entraron como abanderados en la ciudad. Fue tal la mortandad que ocasionaron entre los musulmanes que algunos incluso relatan que la sangre llegaba a las rodillas de los conquistadores.

Una vez rendidos los enemigos, el caudillo cristiano se despojó de sus ropas y armas, y con sólo una camisa de lino blanco, descalzando sus pies, marchó a rezar al Santo Sepulcro y después reunió a las tropas con el fin de nombrar un rey, el primer monarca cristiano que había de reinar en la Ciudad Santa de Jerusalén.»

Alguien entre el público, elevando la voz le interrogó:

—*«¿Y a quién nombraron para llevar la corona?»*

—*«Tened paciencia, porque fueron varios los candidatos. El primero fue Raimundo IV de San Gilles, cuyo título, según él "pertenecía a otra ciudad". Luego se la ofrecieron a Roberto Courte-Heuse, quien tampoco quiso asumir una responsabilidad tan grande. Así que decidieron que el más idóneo sería el propio Godofredo, quien aceptó la dignidad "por amor a Nuestro Señor Jesucristo", pero no quiso tocar su cabeza con la corona, porque 'ya había habido una de espinas más digna de ser puesta en más noble cabeza'. No se llamó a sí mismo rey, sino duque y 'Abogado del Santo Sepulcro'.»*

La historia que les estaban relatando parecía llegar a su conclusión, pero aún no había quedado claro cómo y donde había muerto el caudillo de los cristianos. Así que todo el mundo quedó espectante para saber qué sucedió después. Así que el peregrino continuó su pregón y satisfizo las ansias de saber algo más de sus oyentes.

«Aunque Godofredo estaba muy enfermo, tuvo la mano firme para atender a los asuntos del nuevo reino. Así, el 12 de agosto del año 1099 se dirigió a la ciudad que era la puerta de Egipto, Ascalón, que conquistó en pocos días, cerrando así la puerta a los enemigos del sur.

Hizo algunas otras cosas, como reconstruir Jaffa, que sería a partir de entonces el puerto por el que llegaban los peregrinos, gracias a su alianza con los barcos fletados en la Venecia de los mil canales.

Fue entonces cuando experimentó un recrudecimiento de su enfermedad, y tuvo que volver a Jerusalén para ser ingresado en el hospital que había creado él mismo.

Tras unos cuantos días de agonía en que su empeño era rezar continuamente, murió el 18 de julio. Su trono pasó a manos de su hermano Balduino.

¡Tendrías que haber vistos los fastos de su entierro, cuando fue conducido hasta el Santísimo Sepulcro que había conquistado para la cristiandad!

Las gentes seguían a la comitiva a través de las calles de Jerusalén. Sonaban tambores, zanfonas, chirimías, cró-

talos, rezos y lamentaciones, imprecaciones y Padrenuestros. Se improvisaron altarcillos para celebrar la Eucaristía a su paso, deteniéndose el féretro y mostrando su contenido ante el Santísimo pan convertido en Cuerpo de Cristo.

Todo sucedía bajo la luz de las miles de antorchas y el olor a incienso arrojado a las hogueras por los cristianos y sus sacerdotes.

Así murió y fue enterrado el que fuera primer rey cristiano de Jerusalén. ¡Descanse en paz, y sea acogido en el seno del Altísmo! ¡Amén!»

¡Amén!, respondieron todos los presentes y poco a poco fueron acercándose tímidamente para depositar unos maravedíes herrumbrosos en el sombrero del juglar, alejándose más tarde hacia sus casas.

Así concluyó el relato de la conquista de Jerusalén.

Interior de la Iglesia del Santo Sepulcro.

Una sura del Corán que dice:
Dios, el Compasivo, el Misericordioso.

La Segunda Cruzada

(1147-1149)

Los turcos recuperan Edesa

El atabeg (especie de gobernador militar selyúcida) Imad al-Din Zangi, señor de Alepo y Mosul que sería considerado como «*un regalo de la providencia divina para los musulmanes*», era un tipo especialmente rudo y cruel que combatía a todo el mundo, tanto a sus propios correligionarios como a los cristianos. Se le conocía principalmente por haber castigado con mucha dureza al califa de Bagdad que anteriormente se levantó contra él. Tras una serie de escaramuzas decidió marchar con un ejército poderoso a conquistar todo el condado de Edesa, incluida la capital, una empresa complicada dada su fuerte muralla triangular fuertemente apoyada en las colinas circundantes. Sin embargo, en su interior no había prácticamente tropa. Simplemente un obispo francés rodeado de tejedores, zapateros, sastres y otros artesanos.

Zangi hizo múltiles ofrecimientos para conseguir una rendición pacífica e incondicional, pero un comerciante imprudente los rechazó y el atabeg preparó sus tropas para el asalto, tal y como nos cuenta un cronista de excepción de la época, el emir Usama.

«Los turcos arrancaron los cimientos de la muralla septentrional y colocaron en su lugar maderas diversas. Luego rellenaron los huecos con nafta, brea, grasa y azufre para que se inflamara violentamente y cayeran todas las piedras. A la orden de Zangi, prendieron fuego. Los combatientes se dispusieron a la lucha en cuanto se abriera una pequeña brecha por la que colarse en la ciudad. Les habían prometido que saquearían la ciudad durante tres días... el viento del norte ayudó al fuego y la muralla se tambaleó y se derrumbó. Tras haber perdido muchos combatientes turcos en la brecha, entraron y empezaron a matar a sus habitantes sin detenerse ni a mirarlos. Murieron seis mil en un solo día... Las mujeres, los niños y jóvenes se precipitaron hacia la ciudadela alta para escapar a la matanza. La puerta estaba cerrada porque el obispo había mandado a los guardias que no la abrieran si no veían su rostro. Todos subían atropelladamente y se iban pisoteando... perecieron atrozmente unos cinco mil y quizá más.»

Aunque Zangi intervino en persona para parar la matanza, el daño ya estaba hecho y la ciudad había caido en manos turcas. Cuando la noticia llegó a Europa, todos quedaron consternados, porque allí era donde las tropas imperiales habían encontrado la Sábana Santa, reliquia muy valiosa, tanto para unos como para otros. Melisenda, la reina de Jerusalén, envió al obispo de Jabala, Hugo, a pedir ayuda al papa Eugenio III, que por otra parte tenía dificultades con una sublevación contra su política. Sin embargo, se empeñó en predicar una nueva Cruzada mediante una bula enviada al rey de Francia y a la nobleza, conminándoles a recuperar Edesa a cualquier precio.

«El obispo de Edesa se refugió con sus más cercanos en la parte alta de la ciudad...»

Al principio no recibió respuesta, porque era época de prosperidad y nadie quería abandonar sus ricos feudos con los campos a punto de dar todo su fruto. Pero insistió y convocó una nueva reunión en Vézelay, que contó además con una arenga de san Bernardo, la conocida como «la de 1146». El abad de Citeaux desplegó todas sus habilidades como orador, emulando al mismísimo Jesucristo, empleando gestos exagerados, afectados e impresionantes que conmovieron a los burdos caballeros franceses. El auditorio quedó plenamente convencido de que algo había que hacer y así, en caliente, se lanzaron por las calles buscando cruces, enteramente dispuestos a marchar para liberar Tierra Santa una vez más.

Bernardo de Claravall recorrió el territorio franco animando a las gentes a participar y consiguiendo nuevos reclutamientos. Tras su paso por Renania, donde predicó el odio a las demás religiones, se produjeron grandes matanzas de judíos que fueron, en definitiva, las víctimas inocen-

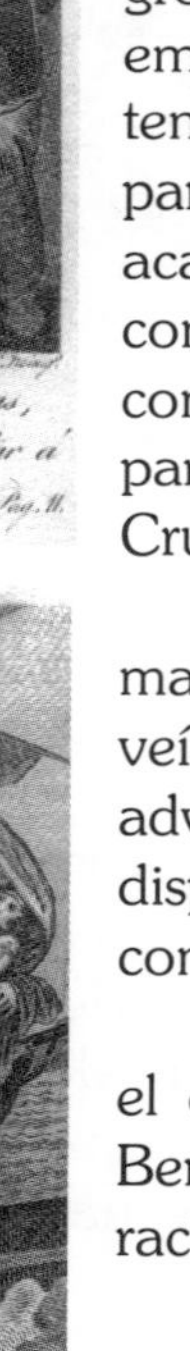

tes de la pérdida de Edesa. Se encontró también con el rey Conrado, pero éste no le hizo demasiado caso porque consideró que se estaba comportando en ese momento como un fanático peligroso, un tanto irracional. Sin embargo, el pueblo alemán tenía muchas ganas de partir para Tierra Santa y el rey acabó convenciéndose de la conveniencia de una alianza con su homólogo francés para emprender una nueva Cruzada, la Segunda.

La noticia no le hizo demasiada gracia al Papa, que veía en él un freno contra su adversario Roger de Sicilia, dispuesto a tratar de hacerse con sus propiedades.

El año 1147 no sólo fue el de la predicación de san Bernardo, sino el de la preparación de la campaña militar.

Dos grabados del libro *Matilde o Memodrias sacadas de la Historia de las Cruzadas*, de Madama Cottin.

El ejército alemán estaba formado por los propios alemanes, a los que se añadieron gentes de Lorena que hablaban en francés y algunos otros de procedencia eslava. La abigarrada composición provocaba incidentes todos los días que tenían que ser apaciguados convenientemente por Federico, duque de Suabia, hombre de carácter mucho más firme que el del rey Conrado.

El paso por Hungría no fue especialmente complicado, puesto que el rey Geza facilitó enormemente las cosas para que se marcharan cuanto antes. Se mostró amable y cordial, pero en el fondo deseaba que todo ese ejército saliera pronto de su reino ante la más que segura posibilidad de que se ocasionaran incidentes graves e irreversibles. Además, el basileus Manuel Comneno había enviado a Demetro Macrembolites y a Alejandro de Gravina para que tomaran juramento de lealtad al rey alemán, que se molestó bastante por tanta suspicacia. Sin embargo lo hizo prudentemente, y el Emperador respondió ayudándole y agasajándole con diversos regalos, costumbre propia de todos los mandatarios bizantinos.

El ejército cruzó el Danubio en julio del año 1147 y fue recibido por Miguel Branas, gobernador de Bulgaria, que proporcionó los medios necesarios para que pudieran seguir adelante. También fueron bien recibidos por Miguel Paleólogo, primo del basileus y gobernador de la ciudad de Tesalónica. De momento las cosas estaban resultando razonablemente tranquilas, pero la calma no duraría mucho. Los soldados, repentinamente, como si un resorte hubiera liberado toda su energía latente, comenzaron a realizar todo tipo de tropelías, desmanes y saqueos enervados por el consumo abusivo de alcohol. Incluso intentaron asaltar Filipópolis, cosa que no consiguieron, puesto que se trataba de una ciudad bastante bien amurallada y abastecida para resistir durante todo el tiempo que fuera necesario.

La historia se repite

MANUEL RECORDÓ MUY BIEN QUE SU ABUELO ALEJO había sufrido una situación muy parecida, y que el rey Conrado mostraba gran debilidad y una actitud esquiva y poco clara. Puso a Prosuch, un hombre muy cercano a él, para dirigir a las tropas que debían poner orden, pero las cosas fueron complicándose y aquello se convirtió en una persecución de alemanes violentos y desmandados. Entre ellos, quizá el más furibundo enemigo de las tropas imperiales era el duque Federico de Suabia, que se había significado quemando monasterios y asesinando a todo el que se le ponía por delante.

En este estado de cosas, el basileus se negó a que Conrado llegase hasta Constantinopla, pero éste siguió el camino emprendido. Sin embargo Manuel decidió no hacer nada y esperar a ver como se desarrollaban los acontecimientos. Además, los revoltosos tuvieron grandes dificultades cuando cayó sobre ellos una gran tempestad que terminó con la vida de muchos hombres que perecieron ahogados. De este modo, con las tropas bastante diezmadas, Conrado prefirió apaciguar las trifulcas y se empeñó a partir de ese momento en mejorar su avituallamiento.

Los francos llegaron a la capital del Imperio en buen orden, dirigidos por Luis, un rey joven y pusilánime que se dejaba manipular por su mujer, Leonor de Aquitania, de quien tendremos que hablar posteriormente. Su ejército

Luis VII de Francia en combate durante las Cruzadas.

Debajo: Abadia de Fontevraud. Tumba de su esposa, Leonor de Aquitania, madre de Ricardo Corazón de León, líder de la Tercera Cruzada.

estaba bien entrenado y era bastante disciplinado, pero eran muchos menos que los germanos, que por otra parte estaban más acostumbrados a guerrear.

La población griega estaba ya bastante harta de las afrentas de sus precedesores, así que no les facilitaron las cosas. El embajador Demetrio Macrembolites salió a recibir al galo en Ratisbona, pidiéndole que se comportara como un amigo, aunque no le exigió promesa de vasallaje. El rey Luis tranquilizó los ánimos de Manuel Comneno, pero no se comprometió a nada que le pudiera comprometer más tarde. La presencia de dos reyes con sus ejércitos no era excesivamente cómoda ni tranquilizadora, pero como los francos empezaron a tener frecuentes problemas con los alemanes, prefirió quedar al margen y se dedicó a observar qué pasaba.

Los germanos llegaron a Asia Menor y su emperador decidió dirigirse hacia Nicea. Era el camino más corto, pero mucho más peligroso que cualquiera de las otras opciones posibles, puesto que tendrían que enfrentarse con las emboscadas de los selyúcidas. Incluso, insensatamente incorporó a la comitiva varios grupos de peregrinos que le restaban movilidad y añadían problemas, al tener que atender a sus necesidades alimenticias y obligarles a seguir normas de disciplina. Su necedad le condujo hasta Dorilea. Allí los turcos, aprovechando que se detuvieron para descansar, hicieron con ellos una auténtica carnicería. El resultado es que sólo quedó Conrado con algunos oficiales y soldados, que tuvieron que huir en busca de refugio hacia Nicea, cubiertos de todo el deshonor y oprobio que se habían ganado a pulso. Sin embargo, quien quedó como culpable de la derrota fue el guía bizantino enviado por Manuel Comneno.

Mientras tanto, los francos, que todavía estaban en Constantinopla, fomentaron sus recelos para con el emperador, puesto que éste había firmado una serie de tratados de paz con los turcos que fueron considerados como alta traición y opuestos a la causa de los cruzados. Everardo de Barre, Gran Maestre de los templarios, medió entre ambos, consiguiendo poner paz y fomentar la confianza mutua. A partir de entonces empezaron a llevarse bien francos y bizantinos, aunque Manuel aceleró los preparativos para que los primeros pudieran alcanzar Asia donde, de forma repentina, les fue suspendido el suministro de víveres y quedaron solos ante su destino.

Los francos tuvieron enormes dificultades para avanzar por una región hostil donde escaseaban los alimentos, pero tras la promesa de su jefe de ceder los territorios conquistados a Bizancio, volvieron a reanudarse los suministros. Con sus hábiles maniobras, Manuel Comneno consiguió el vasallaje de los dos reyes. A uno arrancándole una promesa y al otro poniéndolo en una situación difícil. Realmente hay que entender que el emperador tenía que ser muy astuto para que los cruzados no fueran los nuevos dueños de Bizancio desplazando a los griegos, cosa que no sólo era posible, sino que formaba parte de las intenciones tanto del rey francés, como del alemán.

Cuando el rey Luis llegó a Nicea encontró las tropas alemanas muy mermadas y, aunque ésto le causó una honda impresión, pensó que ahora él era el jefe máximo, puesto que su ejército era mayor que el de Conrado. El avance a partir de este momento sería por la costa, una ruta mucho más segura, que además había sido recomendada prudentemente por el basileus bizantino, que así se liberaba de ellos momentáneamente.

De nuevo comenzaron fuertes enfrentamientos entre griegos y alemanes, porque éstos perdieron los nervios al verse peor tratados y darse cuenta que contaban com menos alimentos que los francos, que tuvieron que ayudarlos en algunas ocasiones.

Tras pasar por Pérgamo, llegaron a Éfeso. Conrado enfermó y sus tropas, que estaban ya muy reducidas, se desmoralizaron completamente cuando su jefe tuvo que volverse a Constantinopla, donde fue recibido amablemente por Manuel quien se mostró especialmente generoso una vez que le vio completamente hundido. «*Ya no era un enemigo peligroso, se lo podía permitir.*», nos dice un cronista de la época. Incluso actuó como si fuera su médico personal y consiguió curarle en parte. El rey germano se mostró agradecido y durante tres meses conversó con su anfitrión sobre alianzas de familia y el reparto de las tierras de Italia meridional. En marzo de 1148, partió de nuevo en barco hacia Tierra Santa.

Las tropas del rey Conrado habían disminuido sensiblemente.

Mientras tanto, el rey franco fue advertido de que pronto le atacarían los turcos. Otra de las maniobras hábiles del basileus, que así trataba de evitar que sus tropas siguieran con la política de saqueos y desmanes en tierras del imperio. Pero Luis desconfiaba ya de todo cuanto partía de Constantinopla. Ya había sido humillado anteriormente y ni siquiera se dignó a contestar a las advertencias. Sus soldados, hostigados por los turcos en Decervio, empezaban a tener la moral por los suelos. Incluso pudieron comprobar que algo raro estaba pasando, porque se encontraron con sus enemigos, y tras una dura batalla en que ambos perdieron muchos efectivos, éstos se retiraron para refugiarse en Antioquía, protegidos por las tropas imperiales. La frase más pronunciada por los cruzados era: «*Nos han traicionado*».

Decepcionados, llegaron a la ciudad de Attalia, donde Landolfo, su gobernador, tuvo dificultades para alimentarles, a pesar de las instrucciones directas del emperador. Hay que tener en cuenta que era una ciudad muy pequeña y con recursos limitados. Por la noche fueron atacados en su propio campamento, quizá con la complicidad de los bizantinos. Sin embargo se les permitió entrar y los heridos fueron atendidos.

El rey franco solicitó poder seguir el viaje por mar para poder llegar a Antioquía, pero tan sólo pudieron proporcionarle unos pocos barcos, en los que embarcó solamente con su guardia personal. En marzo del año 1148, desembarcó en el puerto de San Simeón. Pocos días después consiguió también llegar navegando el conde Thierry de Flandes junto con un grupo de nobles. Los francos se habían quedado sin comida, sin rey y sin ningún mando que les dirigiera. Tomó cuerpo la sospecha de que estaban siendo víctimas de alianzas secretas entre turcos y latinos, sin caer en la cuenta de que quien les había dejado en tan lamentable situación era su propio rey.

El príncipe Raimundo de Antioquía, tío de la reina Leonor, recibió a su marido, el monarca francés, con todo tipo de manifestaciones de agrado y pleitesía. Se hicieron grandes fiestas, donde se derrochó cuanto se pudo en lujos y regalos. Fascinado por la personalidad de su sobrina empezó a cortejarla descaradamente, provocando los celos de su esposo. Éste, que vio como su mujer apoyaba abiertamente a su supuesto amante, se la llevó a Jerusalén a la fuerza para alejarla. Raimundo, que había concebido una estrategia para tomar Alepo con las tropas recién llegadas, vio así truncado su plan. Pero Leonor, una de las mujeres más fascinantes, inteligentes e intrigantes de su tiempo, como veremos posteriormente, le anunció que cuando regresara se divorciaría.

Mientras tanto Joscelin, que deseaba recuperar el condado de Edesa, trató de convencer al rey franco de que fuera en su auxilio, cosa que también reclamaba Raimundo de Trípoli que quería volver a su castillo en Montferrand. Sin embargo Luis siguió empeñado en ir directamente a Jerusalén, donde fue recibido por el rey Balduino y su mujer, la reina Melisenda. Allí quedaron en reunirse en Acre el 24 de junio de 1148, para decidir cuál sería la primera plaza que deberían atacar.

A pesar de que no asistieron Raimundo de Antioquía, ni Joscelin de Edesa, ni Raimundo de Trípoli, la asamblea contó con Luis VII, Conrado III, la mayoría de los caballeros, el patriarca Fulqueiro y los Grandes Maestres de las órdenes militares. Entre todos decidieron asaltar Damasco, la gran ciudad asiática entre Siria y Egipto. Esta urbe era una de las más ricas de la región y además llave para dividir a los musulmanes y conseguir que fueran mucho más vulnerables ante los ataques cristianos.

La iconografía de los capiteles románicos representa con frecuencia a caballeros que marcharon a Tierra Santa.

Crónica de un fracaso

EL REY NUR-AL-DIN, EL SEGUNDO HIJO DE ZANGI, que trataba de estar en paz con los francos, vio como éstos habían elegido su ciudad como primer objetivo, sin poder explicárselo satisfactoriamente. Este hombre notable tenía una personalidad que queda bien reflejada en esta frase del historiador Ibn al-Atir: «*...salvo entre los primeros califas, no he encontrado a ningún hombre que fuera tan virtuoso y justo...*». Desde el primer momento se mostró muy distinto de su padre, siendo prudente, comedido, buen diplomático y hombre piadoso. Se le consideraba un rey santo que supervisaba personalmente todos los asuntos de su reino, en especial los de sus súbditos más pobres.

Los cruzados carecían prácticamente de soldados en la tropa regular, pero todavía había caballeros bien pertrechados y además contaban con el apoyo de los templarios. Sumados los otros efectivos en las ciudades palestinas constituían un ejército bastante poderoso con muchas ganas de entrar en batalla. Pero sus estrategas no eran lo suficientemente prudentes ni expertos. Si Damasco era una ciudad aliada de los francos, ¿por qué precisamente ir a combatir a quienes no eran sus enemigos? ¿qué trataban de conseguir con esa acción tan poco lógica?

Cuando Unur, el gobernador de Damasco, vio que los *frany* iban contra él, se lo comunicó a Nur-al-Din, que no tuvo la menor duda en ayudarle, a pesar de que esto significaba desencadenar hostilidades con quienes habían sido hasta ahora sus aliados.

El ejército se dispuso a atacar la ciudad desde una planicie cercana desde donde podían contemplar los movimientos de sus defensores. Otra vez los estrategas se confundieron. El lugar era verdaderamente peligroso. Tanto, que algunos de los caballeros creyeron que sus jefes habían sido sobornados por Unur para elegir un lugar que les hacía muy vulnerables. Pero lo que realmente pasaba es que éstos sólo pensaban en conseguir un sustancioso botín después del asalto.

Los damascenos les advirtieron de que habían avisado al ejército de Nur-al-Din, quien vendría pronto y los aplastaría totalmente. Entonces los cruzados dejaron de creer en sus propias fuerzas y se retiraron hacia Jerusalén.

Quienes eligieron esta ciudad cometieron un grave error atacando a los aliados y poniendo a todos los demás

La marcha de las tropas por un terreno hostil se veía además dificultada por la escasez de avituallamiento.

en contra. Y es que los francos, los alemanes y sus jefes eran especialmente rudos y no muy inteligentes, lo que contrastaba con la astucia, sabiduría y diplomacia desplegada por aquellos eficaces musulmanes.

Visto el estrepitoso fracaso, Conrado III se trasladó hasta Tesalónica para seguir luego hasta Constantinopla, y sellar una alianza entre los alemanes y los griegos para atacar a Roger de Sicilia y repartirse la península italiana entre ambos. Se comprometieron también a que Teodora, que era la sobrina del emperador se casara con Enrique de Austria, el hermano del rey alemán.

Mientras tanto, el rey francés no dejaba de acusar a su aliado de ser el culpable del fracaso de la Segunda Cruzada, y volvió a su reino con una dolorosa espina clavada en el corazón y el deseo de cobrarse más tarde la venganza por todas las afrentas sufridas, no sólo de mano de los bizantinos, sino también de los musulmanes. Se alió con Roger de Sicilia y fueron a convencer al Santo Padre Eugenio de que les apoyase en ese empeño.

San Bernardo entró de nuevo en escena y trató de convencer al rey Conrado de que se uniese a ellos, pero el mandatario no se dejaría engañar nunca más. Su alianza con Manuel Comneno le protegía de cualquier ataque de sus enemigos. Sin su ayuda los nuevos aliados, sin garantías para poder llevarlo a cabo, abandonaron un proyecto que se mostraba demasiado complicado.

Intrigas, traiciones, mala gestión de los recursos, vandalismo, desconfianza, astucia de los enemigos,... podríamos buscar muchas razones más que influyeron en la apoteósica derrota de estos cruzados. Leonor de Aquitania, la posible culpable de la falta de sintonía entre Luis y el conde Raimundo, se divorció lógicamente de su marido. Sus celos tuvieron también mucha importancia a la hora de tomar decisiones equivocadas que afectaron a todo el proyecto. En cinco días se vino abajo todo el enorme aparato empleado para llevar a aquellas tierras a tantísimos hombres que perdieron la vida, algunos de modo atroz. Los que quedaron, tuvieron que volver avergonzados y cubiertos de la mancha del deshonor. Por supuesto, el gran culpable había sido Manuel Comneno, el basileus de Bizancio, que en realidad lo que pretendió en todo momento es que se cumplieran los objetivos de la campaña, y tuvo que protegerse en cambio de una tropa de asaltantes de su propio reino dispuestos a destruirlo, cosa que hubieran conseguido si no hubiese sido por su habilidad, astucia y eficaz diplomacia. Realmente este hombre fue un buen gobernante que protegió a su pueblo de una aventura que había sido arengada por un santo visionario, dispuesto a infundir el odio no sólo a las demás religiones, sino a todos aquellos que se negaran a aceptar su interpretación de lo que Dios quería en ese momento.

Aparición de la Virgen a San Bernardo.
Fray Filippo Lippi, 1486.

Sin embargo, la biografía de Bernardo de Claraval nos lo muestra como un hombre humilde, como el gran reformador de la orden del Císter, introduciendo una serie de costumbres que otras congregaciones de la Iglesia habían abandonado hacía tiempo. De nuevo se abogaba por la mística, el silencio, la humildad, la pobreza, la vida contemplativa y seguir el mensaje de Jesucristo: «*Deja lo que tienes, dalo a los pobres y sígueme.*», un mandato que a lo largo de la historia ha sido el que más polémicas ha generado entre los diversos intérpretes de los textos del Nuevo Testamento. Sobre todo porque quizá haya sido el que menos se ha cumplido de todos.

San Bernardo fue uno de los padres de la iglesia más influyentes, pero eso no significa que en algunos momentos su temperamento fundamentalista y visionario le convirtiera en un hombre vehemente y manipulador, con una gran capacidad de convicción, que consiguió arrastrar tras sí a gentes que no estaban preparadas para la misión que él esperaba. Se dejó llevar por el éxito de Godofredo de Bouillón, pero sus sucesores no estaban a la altura de quien no quiso ser el primer rey cristiano de Jerusalén.

La Segunda Cruzada había fracasado estrepitosamente por la impericia y la falta de sintonía de los cristianos, como causa principal.

La Tercera Cruzada

(1189-1192)

Las *Cortes del Amor*

LEONOR (ALIÉNOR, ALINOR O ELEONOR) DE AQUITANIA fue una mujer fascinante, inteligente, pero también intrigante. Fue la principal impulsora de la cultura de su tiempo.

Nació en el año 1122, y a los 15 años (1137) heredó de su padre el ducado, convirtiéndose en una de las damas más ricas de Europa. Contrajo su primer matrimonio con el rey franco Luis VII que, como ya sabemos, fue derrotado en la Segunda Cruzada. Leonor acompañó a su marido en 1146 llevando tras de sí, en contra de una bula papal, un sinnúmero de trovadores. Ya conocimos su estancia en Antioquía, gobernada por su tío Raimundo. Allí, a pesar de la llegada de los cruzados, reinaba un ambiente exótico y pacífico en el que convivían musulmanes, cristianos y griegos. Tuvo la oportunidad de conocer a místicos sufíes, quienes utilizaron a aquella mujer, considerada por algunos inconsciente, frívola y adúltera, para introducir una serie de conceptos que a partir de entonces

En la corte de Raimundo de Antioquía se vivía con el refinamiento propio de los orientales. Esto fascinó a la reina Leonor de Aquitania, que quiso quedarse allí en contra de los deseos de su marido.
***Amantes abrazados*. Museo Victoria y Alberto, Londres.**

influirían en la lírica trovadoresca difundida ampliamente por Europa durante los siglos XII y XIII hasta su misteriosa desaparición en el XIV, junto con otros muchos conocimientos acumulados durante siglos.

La ausencia de un heredero, además de los celos de su marido al poner resistencia a abandonar la región, fueron causa de que el rey la obligara a volver a Francia por la fuerza. El matrimonio fue anulado en el año 1152 pretextando un supuesto parentesco lejano.

No tardó mucho tiempo en casarse con Enrique, hijo de Geoffrey de Plantagenet, conde de Anjou, rey de Inglaterra desde el año 1154. Se instalaron en Angers, y allí reunió de nuevo a muchos trovadores. Su insistencia en

1170 para que cediera Gascuña, Aquitania y Poitou a su hijo Ricardo, la rebelión de éste y sus hermanos en 1173, y su apoyo decidido, la llevaron a ser recluida en 1185. Fue la impulsora de lo que en Poitiers se llamó la *Universidad del Amor.* Allí acudieron caballeros, nobles y reyes, acompañados muchas veces de sus esposas, para ser instruidos en el ejercicio de la poesía trovadoresca que luego difundieron en sus cortes. Para mostrar aprovechamiento se sometían a una especie de examen o juicio de los 31 preceptos que Andreas Capellanus había compilado en el conocido como *Ars Honeste Amandi* (*El Código del Amor*). Fue regente entre 1189 y 1194, oponiéndose a los deseos de su otro hijo, Juan Sin Tierra, quien en 1193 intentó usupar el trono de su hermano.

Leonor de Aquitania. Madre de la cultura europea. Fue impulsora y protectora del movimiento trovador, en cuyo seno hubo varios templarios.

A los 82 años (1204) murió en la abadía de Fontevraud. Allí está enterrada con su segundo esposo Enrique, su hijo Ricardo Corazón de León e Isabel de Angulema (ver página 123).

Pues bien, esta mujer que había participado y sido una de las causas del gran desastre de Damasco es la madre del principal protagonista cristiano de la *Tercera Cruzada*. Su antagonista fue uno de los gobernantes más importantes y prestigiosos del mundo musulmán: Salah al-Din Yusuf, o lo que es lo mismo, el *Gran Saladino* (antes de adoptar este nombre se hacía llamar Yusuf). Su historia es realmente notable, partiendo prácticamente de la nada para llegar a a ser uno de los hombres más poderosos de la Baja Edad Media.

Damasco en una ilustración medieval, donde los cruzados fueron derrotados por los errores estratégicos inducidos por Leonor de Aquitania.

La campaña de Egipto (1163-1169)

PARA PODER ENTENDER POR QUÉ ESTE HOMBRE llegó tan alto, es conveniente analizar las circunstancias por las que pasaba Oriente Medio en aquel momento. Gobernaba entonces en Egipto Shawar, un visir intrigante capaz de cambiar de bando con extrema facilidad, y en Jerusalén Amalric, más conocido como «Morri», hijo de Foulques, empeñado en derrocar a su vecino y ocupar sus tierras. Además, aparece en la escena un personaje importante, Shirkuh el León, un general kurdo, dotado de una especial inteligencia para la estrategia militar. En el año 1153, los cristianos se habían apoderado de Ascalón, puerta del país de las pirámides.

Los occidentales recibían en este momento tributos por parte de los visires, que preferían pagar a estar en guerra continuamente. Shawar cayó víctima de las conspiraciones internas. Entonces, el rey franco se dispuso a invadir Egipto por primera vez (lo haría en varias ocasiones) asediando la ciudad de Bilbays. La rodeaba un río que bañaba sus murallas y que en esta época del año estaba seco. De repente empezaron las lluvias, y todo el aparato militar fue arrasado por una inundación que provocaron los musulmanes, que abrieron de repente los diques río arriba.

Nur al-Din prefirió no intervenir para no verse contaminado por los ambiciosos e intrigantes dirigentes de El Cairo, que por otra parte eran chiítas, mientras que él era sunní. Pero tampoco le tranquilizaba el hecho de que los caballeros occidentales se apoderaran de Egipto. Tenían gran poder económico, y sus enemigos se convertirían en una potencia imbatible. Shawar, que había huido a Damasco, trató de convencerle para recuperar el gobierno de la capital del Nilo.

Además, el hombre de confianza de Nur al-Din, Shirkuh, un general belicoso y pendenciero que era tío de Saladino, también era partidario de recuperar la ciudad de El Cairo.

Los cuerpos expedicionarios se desplazaron por distintos caminos. Mientras que los *frany* de Amalric no tenían más obstáculo que atravesar la región desértica del Sinaí, dificultad que paliaron abasteciéndose con grandes cargas de agua a lomos de camellos, Sirkuh tuvo que venir desde Siria a través de tierras hostiles. Sin embargo mostraría su genio estratégico con una estratagema inteligente. Nur al-Din simuló hostilidades para llamar la atención de los francos que, engañados, marcharon hacia el norte. Con Shawar y cerca de dos mil jinetes, se dirigió al río Jordán y luego descendió hasta el Mar Muerto. Desde allí cruzó hasta llegar al Sinaí sin ser molestado. Bilbays cayó el 24 de abril de 1164. Seis días después, las tropas musulmanas contemplaron las pirámides desde su campamento. El francés había perdido su oportunidad.

Shawar, viéndose de nuevo en su antiguo puesto, se olvidó de las promesas hechas a Nur al-Din de encargarle el control de la región, y trató de pactar con los *frany* para que echaran a Shirkuh con todas sus tropas. Ante la llegada de las tropas occidentales, el kurdo optó por volver a Bilbays, donde rechazó todas las escaramuzas que lanzaron en su contra.

Sin embargo, Nur al-Din reaccionó a tiempo, según nos relata Mohammad Ibn al-Atir (1150-1210): «... *decidió lanzar una gran ofrensiva contra los frany para obligarles a salir de Egipto. Escribió a todos los emires musulmanes para pedirles que participaran en la Yihad y fue a atacar a Harim, junto a Antioquía. Los frany se reunieron bajo la dirección de Bohemundo y el conde*

***Camellos*. Arte musulmán medieval. Biblioteca Nacional. París.**

de Trípoli. En la batalla murieron diez mil de ellos y fueron capturados sus jefes.»

Diversos trofeos de guerra capturados, entre ellos las cabelleras rubias de algunos combatientes cristianos, fueron enviados a Shirkuh, para mostrarle que habían derrotado a sus enemigos y que no tenía ya motivos para inquietarse. Poco después, «Morri» y Shirkuh volvieron a sus reinos respectivos. Shawar había logrado su propósito. Sin embargo, las alianzas traidoras volvieron a darse. De nuevo el egipcio pidió ayuda a Amalric, con gran disgusto de Nur al-Din, que encargó de nuevo a su general de confianza la defensa de sus intereses. Era la primera vez que Yusuf (Saladino), su hijo, participaba en una expedición.

De nuevo brilló el genio del kurdo, que hizo una maniobra de distracción sorprendente para los francos y los egipcios. Tras diversas peripecias y escaramuzas, por fin Shirkuh venció a sus enemigos cerca de El-Babein, en la orilla oeste del Nilo, en el día 18 de marzo de 1167. Saladino tenía el mando de la tropa que caminaba por el centro. Una vez atacaron, el árabe fingió retroceder y fue perseguido por unos ingenuos enemigos que cayeron en la trampa que les había puesto. Los francos fueron derrotados, aunque Amalric logró salvarse. Las huestes de Sirkuh fueron aclamadas en Alejandría como libertadoras.

Tras diversos escarceos entre los ejércitos musulmanes y cristianos, en agosto del año 1167, las tropas de Saladino volvieron a sus países. El rey santo de Damasco recuperó así la mayor parte de sus tropas, una circunstancia satisfactoria. No le agradaba embarcarse en aventuras que podían tener resultados inciertos.

Sin embargo, la paz duraría poco puesto que al año siguiente algunos hombres de confianza, que habían quedado en El Cairo para vigilar el cumplimiento de los acuerdos con Shawar, empezaron a sospechar que la animadversión de sus habitantes les ponía en peligro. Pidieron ayuda a Amalric que, tras dudar embarcarse en otra campaña, reunió un nuevo ejército y se lanzó contra Bilbays con una violencia estúpida, gratuita y devastadora.

Así sucedió, los habitantes de El Cairo, que su hubieran rendido sin dificultad, viendo tal desproporción, deciden defenderse con uñas y dientes. Lo primero que hicieron fue incendiar la ciudad, que estuvo ardiendo durante casi cuarenta días.

Viendo tal determinación, «Morri» regresó a Jerusalén antes de que Nur al-Din volviera a enviar de nuevo a Shirkuh que, efecivamente, llegó a la capital del Nilo el 8 de enero del año 1169 junto a Saladino.

Shawar se alegró, pero había caído en desgracia porque nadie se fiaba ya de él; todos le consideraban un traidor. Fue el mismo Yusuf quien le ajustició en persona, de

Las tres grandes pirámides vistas desde el río Nilo en una foto de principios del siglo XX.

acuerdo con el califa. El hábil general kurdo fue nombrado de nuevo visir de Egipto, pero duró poco en el cargo porque dos meses después murió tras una fuerte indigestión. Saladino fue entonces nombrado «rey victorioso».

A partir de este momento, su prestigio aumentó día a día. Era capaz de librarse de todos cuantos ambicionan su poder y se entronizó como soberano absoluto de aquel gran país. Tanto que el mismo Amalric trató de firmar una alianza con él en contra de Nur al-Din. Pero Saladino no se enfrentaría nunca con su superior. Los siguientes años fueron testigos de los intentos del califa por frenar su ascenso, hasta que llegó la muerte del primero, el 15 de mayo del 1174 y, sin haberlo buscado expresamente, Salah al-Din se convirtió en el principal dirigente de todo el mundo árabe musulmán, no sin suscitar envidias y recelos en quienes le consideraban un arribista que había traicionado a su señor. En realidad, lo que había provocado es que todos tuvieran envidia de las circunstancias tan favorables que le habían situado en el lugar que ahora ocupaba.

Yusuf no quiso ser más que un tranquilo emir más, pero precisamente su discrección y empeño en permanecer

El gran Saladino.

en la sombra fueron las virtudes que le llevaron a tener un destino muy distinto del que quería en principio.

Un hombre tan pequeño y frágil tuvo la modestia de mostrarse no como el adversario, sino como el continuador de la obra de Nur al-Din: «*Tened la certeza de que, si Nur al-Din no hubiera muerto tan pronto, es a mí a quien hubiera delegado la educación de su hijo y su custodia... Pronto acudiré y voy a realizar, para honrar la memoria de mi señor, acciones que dejarán huella, y todos y cada uno de vosotros seréis castigados como os merecéis por vuestra maldad.*» Según nos cuenta Ibn Al-Atir.

Asesinos y templarios

EL LECTOR SE HABRÁ DADO CUENTA de que aquella era una época en que no importaba tanto la religión profesada, ni las lealtades prometidas, como los recelos, las ambiciones, y una capacidad ilimitada para la intriga y el cambalache. La Iglesia siempre ha tratado de ofrecernos una visión idílica de las Cruzadas, en la que los nobles caballeros parecen empeñados en liberar los Santos Lugares del yugo musulmán. A estas alturas ya sabemos que hubo más cosas. El principal afán de los nobles europeos fue el de conquistar tierras y poder y enriquecerse a cualquier precio para satisfacer sus ambiciones y un ego desmedido. Los peregrinos les importaban bastante poco, excepto como carne de cañón en las batallas.

Ha llegado la hora de tomar contacto con unos interesantes personajes que protagonizaron una serie de episodios que influyeron decisivamente en el desarrollo de algunas Cruzadas, liderados por Hassan as-Sabbah. Hablamos de los «hashashin», palabra que fue transformándose hasta convertirse en el término occidental «asesinos».

En ellos se inspiran los actuales suicidas que tantos desastres causan hoy. Merece la pena conocer su origen y algunas anécdotas que se les atribuyen. Nos resultarán esclarecedoras para reflexionar en cómo pasa el tiempo sin que cambien las intenciones de quienes se consideran especialmente elegidos por un dios..., por cualquier dios, para matar en su nombre.

La biografía de Hassan nos permite comprobar que estamos ante un hombre sensible y culto. Nació en la ciudad persa de Rayy. Desde niño hizo gala de gran sensibilidad lírica. Se cuenta que acompañó a un poeta, Umar al-Jayyam, que también era astrónomo y matemático. Fundó su temible secta en el año 1090.

Eran momentos de transición, cuando Asia Menor pasó del dominio chií al sunní. Los chiítas quedaron como un grupo marginal que sufría persecución frecuentemente por parte de los turcos selyúcidas.

Huyendo del acoso, Hassan se refugió en el año 1071 en Egipto, pero allí las cosas no fueron mejor. El anciano califa al-Mustanzir estaba entonces en manos de su visir Badr al-Yamali, de origen armenio. Allí pudo reclutar un buen número de descontentos que querían reestablecer el chiísmo. Nació así un movimiento de apoyo decidido a Nizar, el hijo del califa. Era éste un hombre de intenciones y costumbres ascéticas que será nombrado su heredero, apoyado por los enemigos de los sunnitas que estaban dispuestos a ayudarle a cualquier precio. Para ello, Hassan diseñó un método temible que requería un lugar de entrenamiento apartado de todo.

Fue en el año 1090 cuando asaltó un bastión de muy difícil acceso situado en la sierra de Elburz (Irán). Hay allí un pico llamado Alamut en una zona inhóspita y desértica.

El castillo de Alamut «El nido de las Águilas», fortaleza construida por Hasssan as-Sabah en el norte de Irán, donde se almacenaron muchos de los conocimientos ocultos sobre muchas disciplinas que los templarios trajeron a Europa.

En él, Hassan instruía a sus seguidores en el arte de matar de un modo muy peculiar. Debían realizar su misión en solitario o formando pequeños grupos. Tenían que suprimir a personas importantes, ya fueran políticos, clérigos o comerciantes. Su aspecto era el de ascetas itinerantes que venían de meditar en el desierto.

Tenían que acabar con sus víctimas ante el mayor número de personas posible, ya fuera en el interior de una mezquita, en un hamam o en medio de una plaza. Los días preferidos para ejecutar a sus vícitmas eran los viernes, y la hora la de máxima luz, al mediodía. Eran asesinatos rituales con intención ejemplarizante.

El ejecutor normalmente moría en el acto, pero esto no era un inconveniente, sino que mostraba el heroísmo del ejecutante en defensa de la fe. Era un «fedah», o sea un «mártir» que elegía el suicidio para cumplir su misión, tal y como sucede hoy con los hombres-bomba.

Es muy probable que la leyenda que les atribuye ser consumidores de hachís, que habría dado origen a su nombre, sea cierta. Utilizarían no sólo los derivados del cáñamo, sino también algunos otros alcaloides, para conseguir estados alterados de conciencia que les ayudaran a cumplir su misión eficazmente.

Su «presentación en sociedad», su primer crimen, tuvo lugar en el año 1092, a mediados de octubre. Nizan al-Mulk, el viejo califa que llevó al poder a los sunníes, murió apuñalado por un «asesino». Su efectividad fue tanta que se afirmó que este crimen «*había desintegrado el estado*».

Hassan decidió trasladar su cuartel principal a Siria, donde podría enemistar a unas ciudades con otras para que fueran destruyéndose mutuamente sin demasiado esfuerzo por su parte. Para ello, envió allí un nigromante, médico y astrólogo, que se hará amigo del gobernante de Alepo, Ridwan. Pondrá a su servicio algunos miembros de la secta para que le ayuden a matar a algunos de sus más odiados enemigos. Le sucedió un misterioso «orfebre» que influirá mucho más que su predecesor sobre la voluntad del mandatario.

Los «hashashin» eran conocidos también con el nombre de «batiníes», una corriente filosófica despreciada por los sunníes como traidora al Islam. Sus interpretaciones de los textos religiosos estaban basadas en los significados ocultos de las palabras, algo que atrajo a los soldados del Temple, que visitaban con frecuencia Alamut.

Allí aprendían no sólo técnicas para eliminar a sus enemigos, sino que probaron también sustancias capaces de modificar estados de percepción utilizadas por los «asesinos». Por otra parte, estos persas manejaban una serie de conocimientos de alquimia que, como sospechamos, les fueron trasmitiendo poco a poco en su extraordinaria biblioteca.

Todos estos saberes y prácticas llegaron a Europa por dos vías, los propios hermetistas árabes que los introducirían a través de España, y de los caballeros templarios.

Hassan falleció en su fortaleza en el año 1124. Lejos de terminarse la actividad de los «batiníes», se recrudeció y

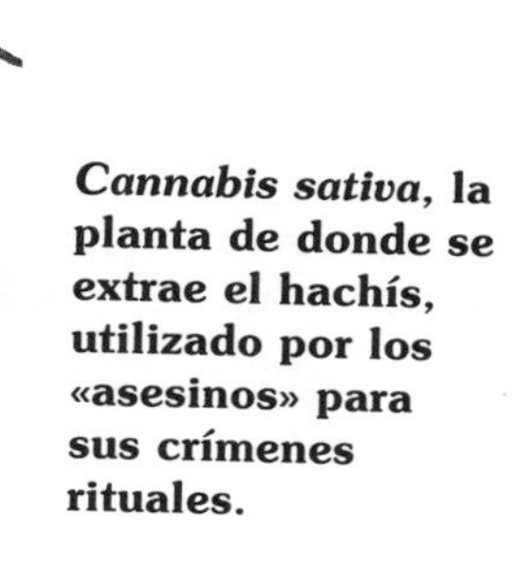

***Cannabis sativa*, la planta de donde se extrae el hachís, utilizado por los «asesinos» para sus crímenes rituales.**

realizaron atentados mucho más sutiles y clandestinos. Por ejemplo, terminaron asesinando a Ibn al-Jasab, el cadí de Alepo, uno de sus más encarnizados enemigos.

Otro importante dirigente de la secta, sobre todo por su apodo, el «Viejo de la Montaña», fue especialmente famoso. No sabemos el año de su nacimiento, pero sí que falleció en el año 1192. Se trata de Sinan ibn-Salman ibn-Muhammad, o también, Rashid al-Din Sinan, afincado también en Siria, en otra fortaleza inexpugnable, la de Masyaf. Su apelativo le fue puesto por su avanzada edad, por su sabiduría, su energía y su carácter impecable. Pero sobre todo por su empeño en el asesinato, tanto de cristianos como de musulmanes.

El mismo Saladino se convirtió en 1275 en objetivo permanente de los «asesinos». El «comando» que trató de matarlo fue detenido y sus miembros ejecutados inmediatamente. El día 22 de mayo del año siguiente recibió una puñalada en la cabeza, pero llevaba una protección dentro del turbante y logró sobrevivir al atentado. Inmediatamente sitió Masyaf (tan inexpugnable como Alamut), y sólo levantó el asedio cuando amenazaron de muerte a todos los miembros de su familia.

A pesar de ser aliados de los templarios, estos mismos irían poco a poco exterminando a todos sus miembros. Los «batiníes» habían perdido poder y empezaban a ser desleales. Su promesa de convertirse al cristianismo se dilataba demasiado tiempo y ellos ya habían obtenido los conocimientos que querían. El último gran dirigente de la secta fue el «Viejo de la Montaña». El resto de miembros corrieron suerte parecida a la de sus aliados cristianos.

Estatua ecuestre de Saladino, uno de los dirigentes más prestigiosos del mundo musulmán, situada en el centro de Damasco (Siria).

El león pacta con el zorro

SALADINO, UNA VEZ FALLECIDO SU SEÑOR, inició varias campañas para recuperar Jerusalén. Conquistó Damasco en el año 1174, y nueve años después Alepo. Tres más tarde (1186) se dirigió decididamente contra la Ciudad Santa.

Treinta mil hombres, entre mamelucos, turcos y kurdos, se pusieron en camino. Se formaron varios cuerpos de caballería ligera y algunos de pesada, que trataron de emular a los que tenían los occidentales. Éstos contaban con unos veinte mil soldados, pero mejor caballería. Saladino trató de hacer las cosas favorables a sus intereses, llevándoles a pelear en la llanura, donde la infantería musulmana tenía más facilidades para resultar victoriosas. Para ello inició un ataque contra Tiberíades. Los cruzados acudieron en su socorro al mando del rey de Jerusalén, Guido, acompañado por los Maestres sanjuanistas y templarios, acompañados por gran parte de sus caballeros. En la Batalla de los Cuernos de Hattin (*Qurun-hattun*), la caballería de los cristianos cayó en una emboscada y fue completamente destruida, cuando entrearon por error en un desfiladero angosto donde quedaron aislados.

Al perder su principal fuerza, los *frany* se rindieron. Casi todos fueron respetados, excepto los turcos mercenarios que fueron considerados traidores. También eliminaron a unos doscientos treinta templarios y sanjuanistas, que se negaron a convertirse a la religión del «Profeta». Reinaldo de Châtillon, que había seducido a la mujer de Raimundo de Antioquía, fue ajusticiado. Jerusalén cayó en poder de Yusuf, hijo de Ayyub y sobrino de Shirkuh, continuador a su pesar de la obra del «Santo Monarca» Nur al-Din. Era el año 1187, el día 2 de octubre (27 de rayab del año 583 de la hégira –año de la huida de Mahoma, principio del calendario musulmán–) cuando Saladino puso fin al Reino Latino de Jerusalén que había creado años antes Godofredo de Bouillón.

La generosidad del monarca se volvió en su contra, puesto que todos los occidentales perdonados se refugiaron en Tiro, donde se atrincheraron. Conrado de Monferrato, más conocido popularmente como «al-Markish»,

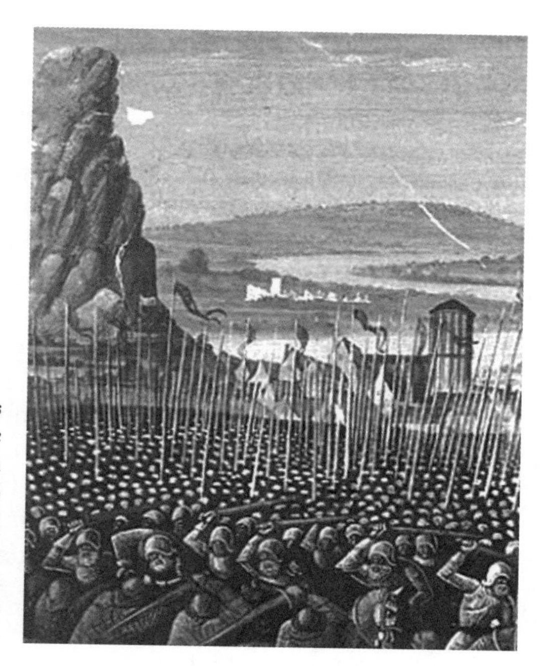

***La Batalla de los Cuernos de Hattin* en un manuscrito medieval anónimo. (Fuente: Fundación Wikimedia).**

llegó a la ciudad y fue elegido jefe de todos sus habitantes. Yusuf renunció entonces a conquistar Tiro. Además de ésta, las posesiones actuales de los cristianos en Oriente Medio eran Antioquía y Trípoli, incluyendo algunos enclaves concretos. El rey Guido fue liberado y, a pesar de la promesa de Saladino de no luchar más contra él, en agosto de 1189 sitió Acre.

Algunos *frany* volvieron a Europa y, valiéndose de imágenes muy visuales y convincentes, en las que Jesucristo era golpeado por Mahoma hasta morir, comenzó la convocatoria de la Tercera Cruzada.

El trono de Pedro estaba ocupado en aquellos momentos por Gregorio VIII, que hizo un nuevo llamamiento a las armas para liberar el reino recién conquistado por Saladino. El Santo Sepulcro, que según las noticias que llegaban, se había librado de la destrucción gracias a la intervención del propio sultán, debía ser recuperado por las tropas cristianas. Acudieron a la llamada Federico Barbarroja, el rey de Francia Felipe II «Augusto» y el rey inglés Ricardo Corazón de León Plantagenet. El rey alemán hizo el viaje por tierra, con un ejército de doscientos sesenta mil hombres.

Desembarcaron en Acre, en donde Guido de Lusignan pasaba algunas dificultades. LLegaron malas noticias para los musulmanes, los alemanes alcanzaban Constantinopla. Saladino mandó comunicados a todos los musulmanes de Oriente Medio: «*el Papa de Roma ha ordenado a los pueblos francos marchar sobre Jerusalén. Todo buen creyente deberá defender nuestra tierra de los frany*». De la alegría por la conquista anterior, se pasó ahora al pesimismo, pero una vez más la suerte favorecería a las tropas capitaneadas por Yusuf.

Federico, el rey alemán, se ahogó cruzando el río Cidno en Anatolia. La consecuencia fue que todo su poderoso ejército tuvo que volver al punto de partida. Ricardo y Felipe, sin embargo, llegaron a Tierra Santa con todas sus tropas intactas.

Los árabes acariciaban una idea equivocada del pelirrojo inglés: «*es un hombre valiente, enérgico, audaz y, aunque menos noble que el rey franco, más rico y mejor guerrero.*», nos dice Baha al-Din, secretario y biógrafo de Saladino. En realidad, el monarca, que tenía a la sazón treinta y tres años, era un caballero violento, pendenciero, brutal y con muy pocos escrúpulos, aunque fascinaba a todo el mundo, casi tanto como el lo estaba por Saladino, quien en cierto modo le servía de modelo. En consecuencia, cuando llegó a su destino, trató de negociar una entrevista con él. Sin embargo se empeñó en organizar previamente el asalto final a San Juan de Acre, que caería en manos cristianas el día 11 de julio del año 1191.

El escudo de armas de Ricardo Corazón de León.

Saladino entonces accedió a mandar embajadores a Ricardo para conseguir la liberación de los prisioneros, pero el inglés no tenía tiempo para pensar en ellos y prefirió exterminarlos (al contrario de lo que hizo su enemigo cuatro años antes, cuando soltó a casi todos los cautivos capturados para que no le estorbaran).

El ejército inglés se dirigió entonces a la costa. El musulmán tuvo que poner todo su empeño en impedir su llegada a Jerusalén. Fue un momento muy comprometido, porque las fuerzas estaban muy igualadas, si acaso los cristianos estaban en mejor posición. Sin embargo, Ricardo puso todo su empeño en solucionar la cuestión mediante la diplomacia: «... *el país está en ruinas, y el asunto se nos ha ido a ambos de las manos. ¿No crees que ya basta?*», escribirá a su enemigo para convencerle de que ambos debían encontrarse cuanto antes. La respuesta de al-Adel,

Ricardo Corazón de León Plantagenet, un rey demasiado idealizado por los novelistas románticos del siglo XIX.

hermano de Yusuf, fue contundente, y estableció un principio que continúa vigente en nuestros días: «*La Ciudad Santa es tan nuestra como vuestra: es incluso más importante para nosotros, puesto que en ella realizó nuestro profeta su milagroso viaje nocturno y en ella será el juicio final. Queda pues descartado que la abandonemos...*».

Ricardo ofreció, como muestra de buena voluntad, a su hermana en matrimonio a al-Adel. Irían ambos a vivir a la Ciudad Santa y le otorgaría las tierras existentes entre Acre y Ascalón, los prisioneros serían liberados y los cristianos volverían a Inglaterra, una vez puesta la reliquia de la Cruz de Jesucristo, el *Lignum Crucis*, en manos fiables. Está claro que quería ganarle como aliado. Saladino por su parte negoció con Conrado de Monferrato, señor de Tiro, a quien Ricardo no agradaba en absoluto.

La estrategia del inglés no funcionó y hubo nuevos intentos de entablar conversaciones. Saladino le dejó claro que la situación ideal sería que ambos mantuvieran lo conquistado. Él por su parte, para lograr un largo período de paz y equilibrio, le comunicó que consentiría que los cruzados pudieran seguir peregrinando al Santo Sepulcro, pero esta vez bajo la vigilancia de los musulmanes que continuarían siendo los señores de Jerusalén. Este acuerdo empezó a agradar al rey inglés, que quiso volverse a su tierra. Sin embargo, había que dejar algún bastión en el territorio que le permitiera apoyar expediciones futuras. Para ello, edificó una formidable fortaleza en Ascalón.

Los caballeros occidentales se hartaron pronto de la pusilanimidad del rey Ricardo, que no hacía nada por conquistar la Ciudad Santa de un modo contundente y definitivo, así que empezaron a abandonarle. Por ello, y por las prisas que de repente le entraron para regresar a Inglaterra, donde su hermano Juan Sin Tierra trataba de derrocarle, le hicieron ver que era conveniente firmar una paz de cinco años con Saladino que supondría de hecho el permiso para que los cristianos pudieran visitar los Santos Lugares, tal y como había propuesto en ocasiones anteriores. Cuando los occidentales regresaron a Europa, el sultán quedó como el gran vencedor de la Tercera Cruzada, aunque ya no disfrutaría mucho de su victoria, porque pronto sería conducido al seno de Alah..

La muerte de un gigante

SALADINO ERA YA UN ANCIANO que, además, estaba enfermo de múltiples dolencias desde hacía mucho tiempo. Para tratar de curarle acudió un médico que vino de España, Musa Ibn Maimun, conocido por «Maimónides», uno de los hombres sabios más notables de su tiempo. Pero el monarca estaba muy débil y no consiguió reponerse dado su estado de deterioro progresivo.

Sus últimos días transcurrieron en Damasco, acompañado por toda su familia.

Un día se levantó con ánimos para cabalgar, y partió al encuentro de unos peregrinos que iban a la Meca, pero días más tarde no estaba en condiciones de moverse de la cama. Entró en estado de semiinconsciencia, hasta que la tarde del 2 de marzo del 1193 falleció. Uno de los hombres más prestigiosos del mundo árabe abandonó el teatro de operaciones de sus éxitos militares, pero también de sus negociaciones, de sus fracasos y de sus debilidades que, al final, favorecieron siempre a sus enemigos. Sin embargo las generaciones futuras le consideraron, e incluso hoy día le tienen por un modelo de virtud, de prudencia y,... sobre todo, de astucia y diplomacia. Un hombre sabio, en definitiva, a quien el destino condujo a un lugar que nunca ambicionó ocupar, pero en el que fue muy eficaz.

Una visión idealizada de Jerusalén. En su centro la Cúpula de la Roca. Ricardo Corazón de León no pudo alcanzar su sueño: conquistarla. Se lo impidió Saladino.

Un templario disfrazado

RICARDO VOLVIÓ A INGLATERRA, pero durante su regreso el duque de Austria, Leopoldo V, lo apresó y entregó a Enrique VI, cabeza del Sacro Imperio Romano Germánico.

Estuvo algún tiempo en prisión, donde es posible que escribiera sus mejores poemas de corte trovadoresco. Algunos investigadores han creído detectar en sus escritos una cierta inclinación homosexual hacia un modelo que habría sido el propio Saladino.

Regresó a Inglaterra disfrazado de soldado del Temple, tras pagar un fuerte rescate. Allí le esperaba la tarea de impedir que su hermano Juan Sin Tierra usurpara su trono, conseguido a su costa (como sabemos por la historia de otro personaje literario, Robin de Losley, más conocido como «Robin Hood»).

No era muy amigo de gobernar y sí ansiaba ciertos placeres prohibidos, así que dejó el gobierno en manos de Hubert Walter, arzobispo de Canterbury, y marchó a Francia para guerrear durante cinco años con bastante éxito, hasta que en el año 1199 fue herido mortalmente por una flecha y murió víctima de una herida gangrenada.

Hoy descansa en el panteón de los Plantagenet, bajo los chorros de luz tamizada que se cuelan por los ventanales de la abadía de Fontevraud, junto a su madre Leonor, Enrique de Inglaterra e Isabel de Angulema.

La leyenda nos describe a Ricardo como un rey prudente y sensible, defensor de los débiles, generoso y amigo de las aventuras caballerescas. Sabemos que no lo era tanto, sin embargo su prestigio llega hasta nuestros días de manos de la literatura, que lo ha convertido en héroe.

La Cuarta Cruzada

(1199-1204)

Historia de un saqueo y un fracaso

Enrique VI, el rey alemán que apresó a Ricardo fue coronado rey de Sicilia en Palermo. Corría el año 1194. Al siguiente, tras nombrar a su esposa Constanza regente de la isla, el papa Celestino III le propuso emprender la Cuarta Cruzada, aprovechando que Salah al-Din había muerto y que había cierto desconcierto.

El monarca encargó entonces a Conrado, arzobispo de Maguncia que reclutara y dirigiera un poderoso ejército que en 1196 se embarcó con la intención de ir a Tierra Santa. Una vez llegaron, asaltaron Beirut tras vencer a los turcos junto al río Eleutero. Posteriormente, vencieron a Malek Adel y entraron en Sidón. También ocuparon algunas otras ciudades de la región. Su victoria no sería muy duradera, puesto que quien estaba a la cabeza del Sacro Imperio Romano Germánico falleció de malaria en Mesina el día 28 de septiembre de 1197. Tras su desaparición, los italianos se rebelaron contra los alemanes. Esto, unido a la tradicional falta de sintonía entre los cruzados, tuvo como consecuencia el regreso de las tropas, dejando en Palestina únicamente a Margarita, hermana del rey franco Felipe Augusto, que entonces era reina de Hungría.

El sucesor de Celestino, Inocencio III, volvió a convocar el reclutamiento de tropas. La Cruzada, que fue predicada por el sacerdote Foulques de Neully, contó esta vez con gran número de caballeros, entre los que pueden citarse a Felipe de Suabia; Balduino IX, conde de Flandes; Godofredo de Villehardouin; Teobaldo de Champaña; Simón de Monfort, el futuro perseguidor de los cátaros y Bonifacio, marqués de Monferrato.

La expedición tardó en partir por el desacuerdo entre Otón IV y Felipe de Suabia y las dificultades de Felipe Augusto que acababa de divorciarse. Así que los cruzados se impacientaron y emprendieron la marcha embarcando en Venecia con el apoyo del dux Enrico Dandolo, gran enemigo de los bizantinos. El precio de la expedición estipulado por el veneciano fue de 85.000 marcos, con el compromiso parejo de mantener 50 galeras a su disposición. Exigía controlar la mitad de las conquistas que se realizaran, con sus botines correspondientes.

Los dirigentes de la expedición consideraron que era un precio demasiado alto, pero accedieron a ayudarle en la conquista de la dálmata Zara, a cambio de condonar parte de sus deudas con él. La ciudad había sido tomada años antes por Emerico, rey de Hungría.

Algunos caballeros no quisieron entrar en combate con tropas cristianas, además de que pesaba una condena expresa por parte del Santo Padre para evitar esta acción. Sin embargo, otro grupo de soldados sí aceptó y tomó la ciudad en el año 1202.

San Marcos de Venecia, Italia. Con la irrupción de los mercaderes venecianos en las Cruzadas, el comercio empezó a verse favorecido por lo que hasta ahora sólo eran contiendas militares más o menos difusas.

Durante esta acción Alejo, hijo de Isaac II, solicitó la ayuda de las tropas para reponer en el puesto de basileus a su padre, desplazado por su tío Alejo en el año 1195. Su oferta fue generosa: 200.000 marcos y 10.000 soldados que partirían como expedicionarios a Tierra Santa. La República de Venecia sería la beneficiaria del monopolio del comercio con Asia. Los cruzados llegaron a Bizancio y la saquearon, colocando a Isaac de nuevo en el trono y estableciéndose en el arrabal de Galata. Sin embargo, el nuevo regente no pudo evitar el descontento de la población ante la presencia de las tropas.

Los enfrentamientos se saldaron con un nuevo golpe de mano que instaló a Ducas Murtzouphlos o Murzuflo, Alejo V, en el poder. Para ello tuvo que asesinar con sus propias manos a Alejo IV, hijo de Isaac, que murió repentinamente cuando se enteró de que este había muerto.

Los cruzados volvieron a asaltar Constantinopla en el mes de abril de 1204. El sitio duró diez días y «... *hubo muchos edificios destrozados ... barrios enteros quemados y ... gran matanza de sus habitantes. Algunos nobles trataron de refugiarse en la iglesia que llaman Sofía. Un grupo de religiosos sale a la puerta con cruces y evangelios, suplicando que no les mataran, pero fueron muertos todos. Después saquearon la iglesia. Algunos, que están borra-*

***Asedio a Constantinopla.* Moldovita (Rumania).**

chos asaltan los monasterios cercanos y violan a las monjas.» Nombran entonces rey a Balduino de Flandes y patriarca al veneciano Tomás Morosini. A partir de este momento se inició la fragmentación del imperio, que fue repartido entre algunos de los nobles principales.

En Tesalónica subió al poder un nuevo monarca, Bonifacio de Monferrato. Otón de la Roche fue entronizado como duque de Tebas y Atenas y Godofredo de Villehardouin fue nombrado príncipe de Morea. Las nuevas riquezas conseguidas contentaron a los contendientes e hicieron que las tropas se olvidaran de la Cruzada, a pesar de la insistencia del Papa que les arrancó el compromiso de seguir. La gran beneficiaria fue Venecia que, a partir de entonces controló todo el comercio en la zona, expandiéndose hasta el mar Negro y mejorando sus asentamientos en las orillas del Egeo. Podemos considerar que así terminó esta contienda, aunque hubo algún episodio reseñable, como veremos a continuación.

Con buen ánimo para participar en la campaña acudieron unos cincuenta mil niños alemanes y franceses, en la creencia de que su inocencia púber sería suficiente para asegurar el éxito, y entrar en Jerusalén. A caballo entre la realidad y la ficción, se desarrolló en 1212 la llamada «Cruzada de los Niños». La mayoría de ellos fue diezmada por el intenso frío que sufrieron al atravesar los Alpes guiados por Nicholas, un pastor de nacionalidad alemana. Los que quedaron, llegaron hasta Marsella, donde fueron capturados para ser vendidos como esclavos a los jeques africanos que se los llevaron al otro lado del mar.

Los años siguientes serían testigos de la fragmentación de la herencia de los emperadores romanos (los restos de Bizancio recibirían el nombre de Romania). Su organi-

Fragmento del grabado *La Cruzada de los Niños*.
Gustave Doré.
(Fuente: Fundación Wikimedia).

zación a partir de entonces tenderá a la atomización feudal, con vasallajes locales que incluyen a los aristócratas helenos, como en Morea y en algunas tierras controladas por Venecia.

El déspota Miguel Ángel Comneno se estableció en el Épiro; en Trebisonda dominaría una rama de esta familia hasta 1468. En Nicea mandaba Constantino Láscaris.

En el año 1208 el emperador Teodoro derrotó a los turcos del sultanato de Rum, gobernado por Kay Khusrau, que empezaban a tener problemas. Firmó además un tratado comercial con los venecianos diez años después.

En 1223 llegarían los mogoles, impidiendo el dominio indiscutible de ninguno de los herederos del que fue Imperio latino, sobre todo en regiones como el Mar Negro.

La Cruzada «sin numerar»: la persecución y masacre de los «hombres buenos»

AUNQUE TAMBIÉN ES UNA CRUZADA, no se la puede contemplar junto a las expediciones que se organizaron contra los musulmanes. Sin embargo la aparición, auge, persecución y caída de los cátaros o albigenses es un capítulo de esta historia que conviene conocer para comprender mejor qué es lo que sucedió exactamente en la Europa convulsa de aquellos terribles años. Fue encabezada por Simón IV de Monfort, señor de Montfort-l'Amaury, conde de Tolosa y quinto de Leicester, vizconde de Béziers y del vizcondado de Carcasona, brazo ejecutor de la voluntad del Papa.

La conexión de estos herejes con algunos trovadores, trouvères y miembros de la orden del Temple nos obliga a viajar a un lugar alejado de los ya visitados, como es el Languedoc francés. Pero, ¿quiénes fueron los cátaros?

Los antecedentes del catarismo pueden rastrearse en el maniqueísmo, la doctrina dual de Mani, que distinguía entre el mundo físico y el material. Este pensamiento religioso-doctrinal, que influirá en la Iberia del Priscialianismo, por ejemplo, apareció con fuerza en Bulgaria, a principios del segundo milenio. Los «Bogomilos», un grupo cuyo nombre significa «los amados por Dios«, difundieron una serie de ideas que reinterpretaban la doctrina oficial de la Iglesia. Negaban los sacramentos, cualquier culto icónico y la devoción a la virginidad de María. En consecuencia con ello, negaban el bautismo y los soportes físicos de la Eucaristía (pan y vino). Su filosofía estaba influida por aportaciones del gnosticismo. Consideraban al cuerpo como la cárcel del alma y creían en la reencarnación como purificación de estados evolutivos anteriores. Todo este conjunto de ideas fue llegando hasta los Pirineos, en concreto al país occitano. Al catarismo se le denominó de diversos modos, en Italia *gazzari*, en Alemania *ketzer* y en Grecia *patarinos*. Pero una de las denominaciones más conocidas es la de *albigenses*, por la ciudad francesa de Albi.

La «Catedral Rosa» de Albi, bajo la advocación de San Cecilio. La ciudad fue el principal enclave de los cátaros o «albigenses».

Uno de los propósitos principales de la herejía albigense fue el empeño en volver a las esencias evangélicas que se desprendían de las enseñanzas de Jesús de Nazaret, según las cuáles los hombres piadosos han de desprenderse de sus riquezas:

> *«Una cosa te falta: anda, vende lo que tienes, da el dinero a los pobres y luego sígueme», «Mirad los lirios del campo cómo crecen. Ellos no trabajan ni hilan, pero os digo que ni aun Salomón, con toda su gloria, fue vestido como uno de ellos.».*

Esta reivindicación y sobre todo su aplicación pusieron muy nervioso al Papa Inocencio III, viendo peligrar los bienes en manos de los príncipes de la Iglesia, acusada con frecuencia de corrupción y de excesiva ambición material. Por entonces, el poder militar del Vaticano había desaparecido y sólo quedaba el espiritual. Y toda amenaza en este terreno significaba una pérdida de influencia importante.

Al principio un protector del movimiento cátaro (palabra que significa «puro») fue el conde de Toulouse, Raimundo VI, a cuyas tierras llegaron los apóstoles de estas ideas, que se llamaban a sí mismos los «Bonnes Homes» u «Hombres Buenos«. El rey de Francia, atendiendo al llamamiento del Papa, convenció a bastantes nobles de la necesidad de luchar contra un inquietante movimiento que podía desestabilizar el orbe cristiano.

Arnau Amalric, abad de Citeaux, y el monje Pierre de Castelnau inician una campaña para la erradicación de la herejía como representantes del Santo Padre. Tratan para ello de convencer a algunos obispos para que les apoyen (Vivièrs o Bezièrs). Logran que se unan a su causa. No sucede así con el arzobispo de Narbona Berenguer II, que se niega a colaborar con ellos.

En el año 1204, Castelnau ha reunido la suficiente cantidad de nobles como para comenzar lo que empieza a sentirse como una nueva Cruzada, pero esta vez en suelo francés y en el seno de la cristiandad. La reacción del conde de Toulouse fue organizar un ejército compuesto por varios millares de cátaros del sur y algunos nobles como Pedro II de Aragón.

El día 14 de enero del año 1208, Castelnau fue asesinado en Beaucaire. El Papa, ante la muerte de su embajador, convocaría el 10 de marzo de 1208 a todos cuantos quisieran unirse al conde Simón de Monfort para luchar contra los cátaros.

Una de las primeras masacres tuvo lugar el 22 de julio del año 1208. Unos veinte mil hombres, mujeres, niños y ancianos, más o menos, murieron acuchillados en las calles de Béziers o abrasados en la iglesia de la Magdalena. El sanguinario Arnau Amalric ordenó que no se hiciera distingo entre ninguno de sus habitantes. Cuando alguien le preguntó: «*¿Cómo sabremos quienes son herejes y quienes no?*». Respondió: «*Matadlos a todos. Dios reconocerá a los suyos.*» Raimundo Roger Trencavel intentó hacerse fuerte con los supervivientes, pero Monfort conseguiría entrar en la ciudad en el mes de agosto siguiente.

Carcasona, la gran ciudad cátara regida por la familia Trencavel, se opuso con dureza al conde, pero fue asaltada el 15 de agosto de 1209. A partir de entonces el recinto amurallado se convirtió en una terrible máquina de eliminar herejes con el fuego. Su tribunal de la Inquisición fue realmente inflexible, lo que le llevó a ser cruel y despiadado. Pedro II de Aragón trató de negociar con Monfort, a pesar de la oposición del gobernador de Carcasona, que moriría el 10 de noviembre. A partir de entonces, la ciudad quedó en manos de los Capetos. Raimundo, su hijo, volvió a intentar reconquistar las posesiones de su padre en el año 1224, pero fue derrotado por Luis VIII. Volverá a intentarlo en el año 1240, recuperando Saissac y Montolieu, pero no pudo volver a recuperar Carcasona.

Carcasona, capital del Languedoc. Una de las ciudades medievales mejor conservadas, feudo de la familia Trencavel y cadalso para los cátaros.

Entretanto, las recientes masacres y la toma de la capital del Languedoc sitúan a los nobles occitanos en contra de los «cruzados». Raimundo VI se negó a entregar a los cátaros refugiados en Toulouse a Amalric, por lo que fue excomulgado. Pero las presiones continuaban sobre Inocencio III para pacificar la región. Éste trató de convocar un concilio, pero tras los contactos previos de Saint

Gilles en julio de 1210 y Montpellier en febrero de 1211, Amalric impide cualquier solución al querer imponer la rendición del conde de Tolosa y de sus caballeros y decretar su partida hacia Jerusalén.

Raimundo VI regresó a Toulouse y se deshizo del obispo Folquet. Simón de Monfort asedió la ciudad durante el mes de junio, pero no consiguió debilitar su resistencia. Los nobles occitanos encontrarían apoyo en el rey aragonés Pedro el Católico, uno de los vencedores de la batalla de las Navas de Tolosa, que había tenido lugar en el verano de 1212. Pero este monarca, que no era favorable a los cátaros, sin embargo intervino para proteger a sus vasallos de la brutalidad del conde de Monfort, que seguía empeñado en terminar con Raimundo de Toulouse. Además, el Papa le siguió apoyando decididamente. El enfrentamiento era inevitable. Fue el día 12 de septiembre del año 1213 cuando Pedro el Católico murió en la batalla de Muret.

Toulouse cayó en manos de Simón de Monfort. Y junto a él Pedro de Benevento, nuevo delegado de la Santa Sede y Luis, hijo de Felipe II Augusto, que compartieron el gobierno de la ciudad. En el mes de noviembre del año 1215 se convocó el cuarto Concilio de Letrán, que le confirmó como nuevo conde de la ciudad. Raimundo VI se exilió en Aragón, pero volvería en 1218 tras una revuelta protagonizada por Raimundo VII de Tolosa.

El capítulo final comenzó el 2 de marzo de 1244, con la capitulación del bastión casi inexpugnable de Montsegur, una aguja rocosa que permanece casi siempre velada por las brumas de los valles que alimentan el río Aude, el verdadero vertebrador de la región. Pedro Roger, de Mirapeis, acordó quince días de tregua con el jefe de los asaltantes Hugues de Arcis. 11 días después algunos cátaros pidieron

Montsegur, unas ruinas arriscadas que fueron el último refugio de los cátaros.

que se les administrara el *consolamentum*, una especie de sacramento peculiar.

> «El *consolamentum* era una ceremonia en la que el alma se purificaba de todo pecado y alcanzaba los méritos necesarios para alcanzar al siguiente ciclo reencarnatorio en las mejores condiciones posibles. El cuerpo, sin embargo, no podía resucitar porque toda materia, y la carne lo es, tiene una naturaleza intrínsecamente mala.»

El miércoles 16 de marzo, 220 fueron quemados vivos. Allí, en el «camp dels cremats», queda una estela donde se recuerda su sacrificio, tan excesivo como inútil. Porque el catarismo no desaparecería hasta muchos años más tarde. Algunos supervivientes encontrarían refugio en

El Camp dels Cremats.
Lugar del martirio de los cátaros en Montsegur (Francia).

Cataluña y, posteriormente, sus ideas evolucionarían en otros idearios. Sus creencias y su misterio siguen vigentes, sobre todo porque se les supone guardianes de un gran misterio que está hoy de plena actualidad: la verdadera naturaleza de eso que Wolfram von Eschembach llamó «El Santo Grial». Una tradición, recogida por Joaquín Javaloys en el libro *El Grial secreto de los cátaros*, afirma que, días antes de este hecho, descendiendo con gran peligro por los acantilados rocosos, una serie de «puros» lo trasladaron consigo a lugar seguro, aunque esto puede ser simplemente una leyenda para justificar una novela de ficción.

La persecución de los cátaros que fueron quedando seguiría hasta el siglo XIV. Uno de los principales inquisidores que realizó la labor de detección, conversión o exterminio de quienes persistían en la «herejía» fue Jacques Fournier, obispo de Pamiers, a quien llamaban el «cardenal blanco», porque su vestimenta habitual era el hábito cisterciense. Fue elegido Papa el 4 de diciembre del año 1334. Una curiosa anécdota es que, cuando supo el resultado, espetó a los cardenales al grito de «Han elegido a un asno». Aunque tuvo intención de fijar su sede en una Roma revuelta políticamente, prefirió quedarse en Avignon, y construir el palacio papal.

Fue el abogado de la «visión beatífica» de la que, según la doctrina de la Iglesia, gozan quienes mueren en Gracia de Dios hasta el Juicio Final. Así lo estableció en el año 1336, en la bula *Benedictus Deus*.

Intentó terminar con el Cisma entre la Iglesia Oriental y la Occidental, pero no lo consiguió. Falleció el 25 de abril de 1342, y San Malaquías lo cita en sus profecías como *Abbas Frigidus*, o «el abad frío». Quizá porque estuvo algún tiempo en la abadía de Fontfroide, o Fuentefría.

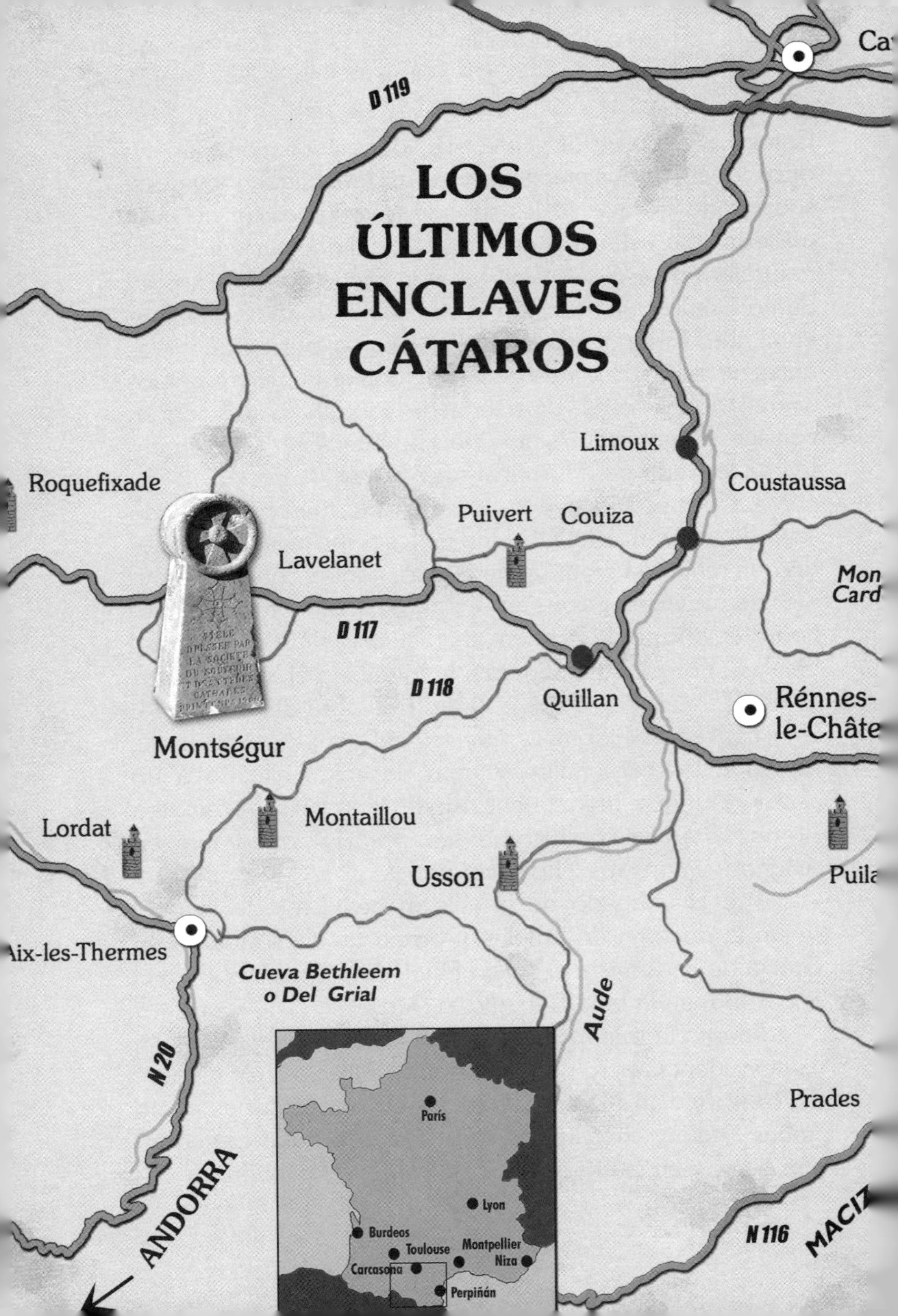

LOS ÚLTIMOS ENCLAVES CÁTAROS
D 119
Limoux
Coustaussa
Roquefixade
Puivert
Couiza
Lavelanet
D 117
D 118
Quillan
Rénnes-
Montségur
Montaillou
Lordat
Usson
Aix-les-Thermes
Cueva Bethleem
o Del Grial
Aude
N 20
Prades
ANDORRA
N 116
París
Lyon
Burdeos
Toulouse
Montpellier
Carcasona
Niza
Perpiñán

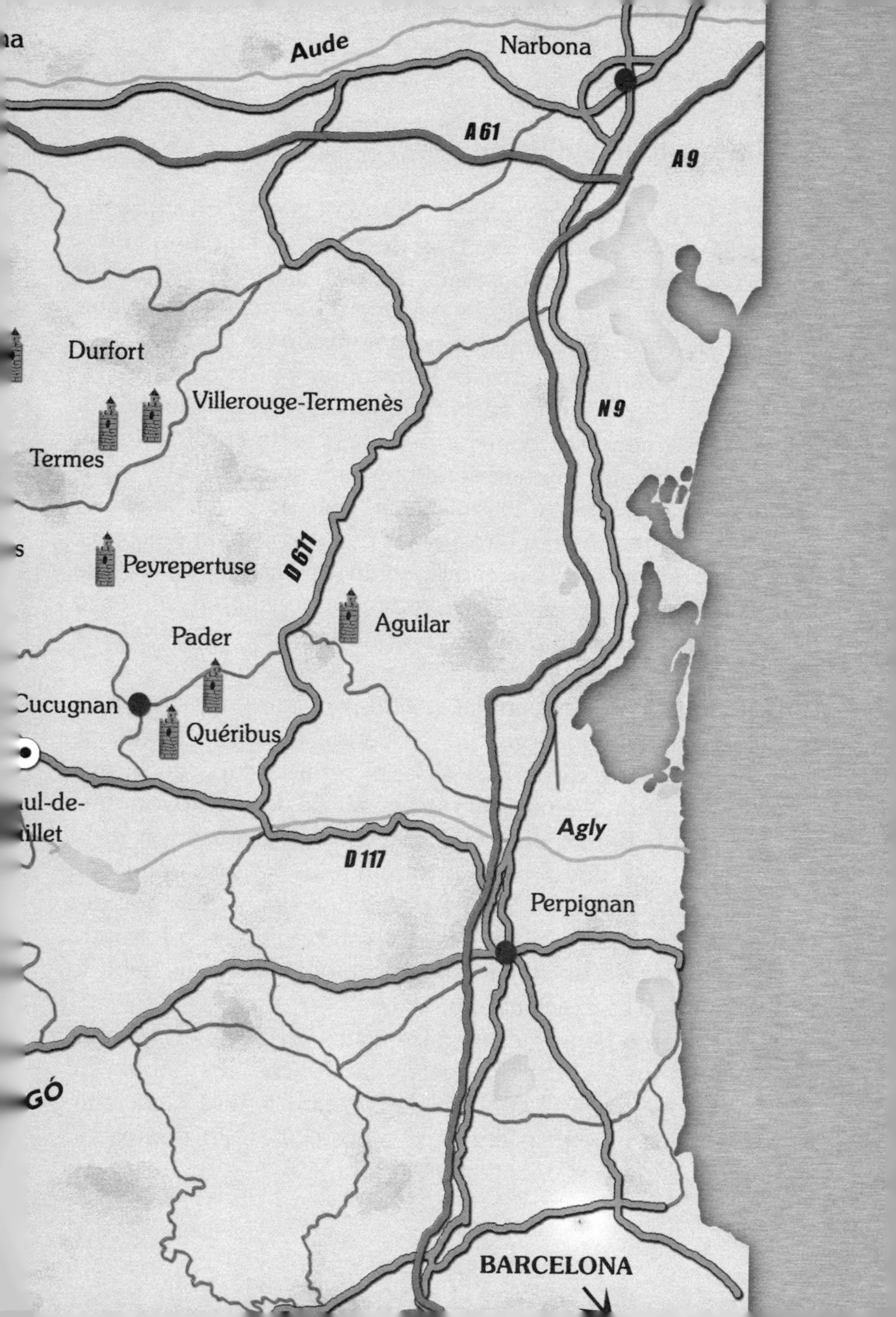

Aude
Narbona
A 61
A 9
Durfort
Villerouge-Termenès
Termes
N 9
Peyrepertuse
D 611
Aguilar
Pader
Cucugnan
Quéribus
Agly
D 117
Perpignan
BARCELONA

Un misterio ambiguo

¿QUÉ SE OCULTA DETRÁS DEL «SANTO GRIAL»? En el *Evangelio de San Mateo*, 26:27,28 leemos: «*Y tomando la copa, y habiendo dado gracias, les dio, diciendo: Bebed de ella todos; porque esto es mi sangre del nuevo pacto que por muchos es derramada para remisión de los pecados*».

Encontramos párrafos semejantes en Marcos, 14:23 y Lucas, 22:20. En el de San Juan no se hace mención a ninguna copa, su contenido es principalmente doctrinal. Este recipiente sagrado sería presuntamente el Grial legítimo, el Cáliz de la Última Cena, pero hay que tener en cuenta otras cosas y otros textos que nos hablan de copas. Recurriendo al Evangelio apócrifo de Nicodemo, XI:9 se afirma: «*Y, bajándolo de la cruz, lo envolvió en un lienzo muy blanco, y lo depositó en una tumba completamente nueva, que había hecho construir para sí mismo, y en la cual ninguna persona había sido sepultada.*» O sea, nada sobre ninguna copa. Sin embargo, la tradición recoge leyendas que dicen que el Grial sería la copa en la que José de Arimatea recogió la sangre de Jesucristo, aunque no queda claro si en el Gólgota, tras la Crucifixión, o ya en la tumba, y que sería la misma que había sido empleada en la Última Cena. Estamos ante uno de los más grandes misterios de la historia del cristianismo. Un mito formado alrededor de un objeto sagrado ambiguo. Nadie sabe lo que fue o es exactamente.

Como hemos visto en los textos precedentes, las referencias en los tres *Evangelios Sinópticos* nos hablan de una copa, y en el apócrifo de *Nicodemo* ni se menciona, remitiéndonos a leyendas y suposiciones sin demostrar, pero sospechosamente persistentes.

Sin embargo es la pieza principal del relicario relacionado directamente con la Pasión, donde encontramos algunos otros objetos como la Corona de Espinas, los Clavos, los *Lignum Crucis* (trozos de la supuestamente auténtica cruz que se utilizó en el Gólgota), la llamada Lanza de Longinos y las numerosas Sábanas Santas que tenemos (la Sindone o el Pañolón de Oviedo).

Pero, sólo tres de ellas están relacionadas directamente con la época de las Cruzadas. Resumiremos las distintas teorías que existen sobre dos de ellas, el Santo Grial, y la Lanza de Longinos. De la tercera hablaremos cuando sepamos por qué la consiguió San Luis de Francia en tiempos de la Octava Cruzada (ver página 219).

Paso de la Semana Santa vallisoletana, en cuyo centro podemos apreciar una representación de Longinos, con su lanza, poco antes de clavarla en el costado de Cristo.

Empecemos por las etimologías de la palabra originaria *Greal*, *Grial* o *Grail*, según estemos en Francia, España o Inglaterra. En latín la palabra *cratalis* significa vaso (de ahí viene crátera). El cambio fonético la habría transformado en *grasale*.

Todo esto sería válido si aceptamos que hablamos de un recipiente o copa. Pero también podríamos añadirle el término medieval Santo, para acuñar otro concepto, el de Santo Grial, y entonces tendríamos que recurrir a pensar en Sangre Real o Sang Réal. En este caso, ¿se trataría de una referencia a un descendiente de Jesucristo? Suponen algunos investigadores que existiría en secreto un «linaje sagrado», tal y como aparece en algunos estudios, como *El Enigma Sagrado*, publicado por Baigent, Leigh y Lincoln en 1982 (libro que sería inspiración de las aventuras de ficción relatadas por Dan Brown en *El Código da Vinci*, de un modo desordenado e interesado).

La mejor forma de analizar el concepto es recurrir a las fuentes de época, que son los autores medievales.

Al parecer, el primero que lo mencionó fue Robert de Boron en la *Estoire du Graal*, escrita probablemente a caballo entre el 1191 y el 1198, en el que se relaciona al Grial con las leyendas sobre el rey Arturo, la abadía de Glastonbury y la supuesta ciudad mítica de Avalon, en Inglaterra. ¿Cómo habría llegado hasta allí?

Después de la muerte del Salvador, José de Arimatea y María Magdalena habrían huido a Egipto por razones de seguridad. Una vez allí fijarían su residencia en Alejandría. Poco después, marcharían de aquí hasta el sur de Francia.

Hay un hecho que debe tenerse en cuenta. En la región de la Camarga hay un pueblo, Les Santes-Maries-de-la-Mer donde, en el mes de mayo se celebra un festival que tiene como protagonista a la llamada «Reina Negra», de nombre Sara Kali. Piensan algunos investigadores que se trata de alguién de tez morena que iba acompañando a «tres Marías», o sea, la Magdalena, María Cleofás y la madre de los Apóstoles Juan y Santiago. Además de las mujeres y de José, irían también Lázaro y Marta en la barca que les llevó allí en los alrededores del año 42 d.C.

Cerca de allí, se encerraría para siempre en una cueva donde sería atendida por los ángeles hasta su muerte, habría alcanzado la iluminación a través de la gnosis, y sus restos estarían hoy en la abadía de Saint Maximin de la Sainte Baume, lugar de peregrinación. Un santuario colgado de una vertiginosa pared vertical cerca de la Costa Azul. en el departamento de Var. Fueron descubiertos por Carlos de Anjou en el año 1279.

Santuario en el macizo de la Sainte Baume, a 40 km. de Aix en Provence, Francia.

El Grial que, supuestamente, custodiaban los cátaros en Montsegur, era en realidad el último descendiente de una dinastía, cuyo origen empezó con el rey David y que, pasando por Jesús de Nazaret y un supuesto matrimonio con María Magdalena, llegaría hasta la Edad Media. Éste sería considerado como el legítimo Rey del Mundo, no sólo en el plano espiritual, sino también en el material. En esta dinastía, estarían los reyes merovingios, entre ellos Dagoberto II y uno de sus mayordomos Carlos Martel.

Hay indicios curiosos que establecen una conexión entre cátaros y templarios. En primer lugar, muchísimos edificios religiosos del Temple, tanto en Francia como en España, están bajo la advocación de María Magdalena. Segundo, otros tantos se denominan del Alto Rey. Tercero, muchos elementos doctrinales gnósticos aparecen también en el ideario de los monjes-guerreros, sobre todo tras su contacto con los místicos sufíes en Tierra Santa.

Si esta hipótesis fuera correcta, estaríamos ante algo difícil de demostrar, que obligaría a una relectura de la historia que la Iglesia jamás admitirá y que, por supuesto considerará herética. Aunque no tengamos documentos que lo confirmen, es muy posible que las motivaciones de Inocencio III no fueran sólo proteger los intereses económicos y políticos del Vaticano, sino también quitar de en medio a grupos de presión que en el futuro pretendieran terminar con la línea sucesoria del Papado para entronizar a un descendiente del mismo Jesús.

Como hemos visto, existen muchas conexiones entre todos los hechos expuestos. Lo que pasa es que todo esto sucedió en un momento en el que las lealtades, adhesiones e intereses cambiaban con frecuencia y a veces es muy difícil distinguir la línea argumental que seguía cada uno de los protagonistas. De todos modos, la falta de documentación no oculta el hecho de que la dirección espiritual del Vaticano ha dejado siempre mucho que desear durante la Baja Edad Media. No ha habido especial celo en obedecer el Quinto Mandamiento, «No matarás», sino más bien en hacer todo lo contrario. Tampoco en cumplir con los preceptos expuestos por Jesucristo en el *Sermón de la Montaña* (las *Bienaventuranzas*), que tan presentes estaban en la filosofía, tanto de cátaros como de templarios (uno de los más importantes símbolos del Temple es la *Cruz de las Ocho Beatitudes*).

Dos noticias recientes nos obligan a seguir reflexionando sobre todo esto. Con cada nuevo hallazgo surgen nuevas hipótesis especulativas.

La primera (*Revista Más Allá de la Ciencia*, núm. 240) ha tenido lugar en un pequeño pueblo que en los últimos años se ha hecho muy famoso, Rennes-le-Château, también con una iglesia dedicada a Santa María Magdalena (además de una curiosa representación del diablo Asmodeo bajo un grupo de ángeles). En ella puede verse otra imagen de esta mujer en una cueva con el vientre abultado, como si estuviese embarazada.

Ya sabemos que un sacerdote, Bérenguer Sàunier, hizo allí un descubrimiento que le hizo rico misteriosamente en un breve espacio de tiempo, y que según la heterodoxia sería el que venimos conociendo de la supuesta descendencia de Cristo.

En un documental denominado *Bloodline* (Línea de Sangre) se insiste en que Jesús y María Magdalena habrían estado casados y tenido descendientes. Ha sido realizado por Bruce Burgess, y producido por René Barnett, gracias a las investigaciones de Ben Hammott.

Estudiando los elementos decorativos de la iglesia, creyó hallar pistas para llegar a puntos de cierta importancia. El conjunto parecía apuntar a una montaña cercana, a la que fue para encontrarse con una curiosa gruta, donde se le cayó una cámara de video en el interior de una cavidad casi invisible. En ella había una tumba en la que había un cuerpo envuelto en un sudario donde figuraba una cruz de apariencia templaria.

Hubo que esperar un año para encontrar otros objetos, como un saco con una Estrella de David, pergaminos, cálices, monedas y una gran cruz. Por supuesto que Hammott piensa que se trata de otra supuesta tumba de María de Magdala (por cierto, Saunière construyó en Rennes una torre que lleva este nombre, Torre Magdala).

Torre Magdala, Rennes-le-Château (Francia).

El misterio sigue y seguirá sin resolverse durante mucho tiempo, pero ahora debemos volver al concepto copa, o sea, la hipótesis más probable, que es la del recipiente físico descrito en los Evangelios Sinópticos.

El grial de Valencia

Al parecer la vasija fue entregada por Sixto II a San Lorenzo para que se la llevara de Tierra Santa porque corría peligro. Éste la hizo llegar a Huesca en el siglo III. Luego, en el año 713 fue llevada por diversos lugares de los Pirineos, para terminar en el monasterio de San Juan de la Peña hasta el siglo XV. Entre los años 1410 y 1424, fue trasladada a Valencia donde se encuentra actualmente.

Siguiendo las opiniones de Otto Rahn, que buscó el objeto en las cercanías de Montsegur, y suponiendo la existencia de un grial secreto, los nazis trataron de hallarlo en la abadía de Montserrat. Allí viajó Heinrich Himmler el 23 de octubre de 1940, acompañado de autoridades falangistas, convencido de que el poder de la reliquia les ayudaría a salir victoriosos de la Segunda Guerra Mundial.

Pero regresemos de nuevo a la época de las Cruzadas. En el año 1180, en plena herejía albigense, Wolfram von Eschembach escribió *Perlesvaus* o *Parsifal*; en él nos dice que el Grial era una esmeralda que habría estado engastada en la frente de Lucifer. Una piedra cargada de un inmenso poder. La tradición la habría recogido de Kyot, trovador y, según él, Templario.

Curiosamente las tradiciones no se quedan aquí, puesto que el término aparece frecuentemente relacionado con lugares cercanos a Montsegur. Dos ejemplos son, el bosque de Teille, con su refugio del «Grial» y Montreal-de-

Sos, en cuyo castillo, en el interior de una gruta, una pintura semeja una copa, una lanza y dos cuadros con gotas de sangre y pequeñas cruces (la Lanza del Destino?).

Ya sabemos que según los textos sagrados el soldado romano Longinos traspasó el costado de Cristo con una lanza, conocida como la «Lanza del Destino», de las cuáles varias aspiran a ser las auténticas basándose en distintos testimonios. Son, la del Vaticano, la de Etshmiadzin (Armenia), la de Viena (de la que se apoderó Hitler) y la de Cracovia que parece ser una copia de esta última.

Su historia empieza en tiempos de Otón I (912-973), cuando entregó a Bolesao I el Bravo una réplica.

Posteriormente Enrique IV, en 1084 la adosó una banda de oro en la que se grabó *Clavus Domini*, que podría ser la que perteneció a Constantino y que tenía en su interior uno de los clavos de la Crucifixión.

Se le añadió una banda de oro en el año 1350, a la que se añadió una palabra, y quedó así: *Lancea et Clavus Domini*.

En el año 1424 formaba parte de la colección de reliquias del Emperador Segismundo del Sacro Imperio Romano Germánico que llevó a Nüremberg, para formar parte de la colección Reichskeleinodien.

Allí estaba cuando llegaron los revolucionarios franceses en el año 1796, lo que aconsejó llevarla a Viena bajo la custodia del barón Von Hügel, en cuyo poder quedó tras la disolución del Sacro Imperio en 1806. Fue vendida a la familia Habsburgo y pasó a la Tesorería Imperial vienesa con el nombre de Lanza de San Mauricio.

Tras la anexión de Austria a Alemania, la Anschluss, es cuando Hitler se hizo con ella. Terminada la guerra, el general Patton la devolvió a los vieneses.

La lanza del destino de Viena.
Al fondo un Gólgota idealizado.

Desde 2003 está expuesta en el Schatzkammer o Tesoro Imperial, una colección que se encuentra en el Palacio Imperial de Hofburg, como parte del Museo de Historia del Arte de Viena.

Finalizaremos con un medievalista italiano que cree haber encontrado una pista que indica que el único y verdadero Grial es el de Valencia, Alfredo Barbagallo.

En un voluminoso trabajo en el que ha empleado tres años, consultando documentación arqueológica y bibliográfica abundante, defiende que el cáliz en el que se transformó la sangre de Jesucristo en vino (instaurando así el sacramento de la Eucaristía), junto a otros objetos habrían estado en la tumba de San Lorenzo en Roma. Fue el papa Pelagio II quien los encontró a finales del siglo VI, hecho

El Santo Grial de la catedral de Valencia (España).

que cuenta San Gregorio Magno a la emperatriz Constantina, quien las regaló a Recaredo, hijo de Leovigildo y primer rey visigodo que se convirtió al catolicismo.

Acompañaban al Grial valenciano, tallado en una pieza de ágata, un vaso de vidrio realizado con técnicas propias del siglo I, lo que probaría que, al menos fue realizado en la época en la que se celebró la Última Cena.

El aspecto actual de la copa se debe a los añadidos que se han ido realizando en sucesivas etapas tras su llegada a la península Ibérica, con la incorporación del pie y la peana que hoy conocemos

No sólo existe este, también hay otros, uno en la catedral de Génova que aspira a ser el auténtico, llamado la Sacra Catina, conseguido durante la Primera Cruzada.

Hay que añadir el Cáliz de Antioquía, hoy en el Metropolitan Museum de Nueva York. El Vaso de Nanteos de Glastonbury, el que dio pie a la leyenda del rey Arturo. El Caldero de Gundestrup, custodiado en Dinamarca y fechado en los primeros tiempos del cristianismo. El de Ardag, aparecido en Irlanda; la Copa de Hawstone Park, que está en Inglaterra, y habría procedido del saqueo de Roma por parte de las tropas de Alarico.

Sin que demuestre nada, hay que recordar que en las visitas que hicieron a España los dos últimos papas celebraron la Eucaristía con el Grial valenciano, que, como ya hemos visto podría ser el auténtico.

Pero no debemos olvidar que al referirnos al Santo Grial no sólo hablamos de una copa. La ambiguedad del concepto permite la coexistencia de varios griales, uno físico, otro especulativo y otro que sería de naturaleza exclusivamente espiritual, un símbolo de perfección más que ninguna otra cosa, que sería el de las leyenda artúricas.

Glastonbury
INGLATERRA
Tréveris
FRANCIA
Grial de José
Rennes
le Château
Montségur
La Sainte
Baume
Grial de San Lorenzo
Marsella
San Juan
de la Peña
ESPAÑA
Catedral
de
Valencia
ARGELIA
TÚNEZ
MARRUECOS
EL VIAJE DEL
SANTO GRIAL

RUSIA
BALCANES
GRECIA
TURQUÍA
SIRIA
PALESTINA
CHIPRE
Jerusalén
EGIPTO

La Quinta Cruzada

(1217-1221)

La furia del cardenal

El fracaso de la expedición que, si hubiera sido bien dirigida, habría permitido recuperar Jerusalén, se saldó con una tregua de seis años con Al-Adel, hermano de Saladino. Los *frany* optaron por ocupar una franja pacificada en Siria, lo que no inquietaba demasiado al mandatario musulmán. Pero en Roma había mucho nerviosismo y mucha frustración. El descontento de Inocencio III era más que evidente, así que intentó animar a todos los cristianos posibles para que fueran de nuevo a intentar recuperar el control sobre la ciudad y el Santo Sepulcro.

Aparte de la participación del rey de Austria Leopoldo VI y del de Hungría Andrea II, un nuevo caballero entró en escena. Jean de Brienne, que en el año 1210, como consecuencia de su matrimonio con María de Monferrato se convertiría en el nuevo rey de Jerusalén. A pesar de la tregua, que no le resultaba agradable, en 1212 escribió al Papa para que acelerara los preparativos de una nueva campaña militar. Quería intentar de nuevo la conquista de Jerusalén en el verano de 1217. Sin embargo, ésta no podría comenzar hasta 1218, cuando empezaron a llegar navíos repletos de peregrinos armados, dispuestos a emprender la conquista de Egipto.

El asedio de Damieta, junto al Nilo, era inminente. Al-Adel envió a su hijo Al-Kamil al mando de un contingente de tropas que no iniciaron hostilidades con los francos, porque consideraban perdida la batalla de antemano. La ciudad estaba bien defendida, y los barcos no podían bajar por el río, porque existía una cadena que iba desde la muralla hasta una alta alcazaba construida en una isleta en la orilla de enfrente. Para soltar la cadena, los cristianos la asediaron primero inútilmente. Luego fletaron una especie de catamarán con dos barcos, sobre el que construyeron una torre de asalto. El 25 de agosto consiguieron llegar al fortín y romper el obstáculo.

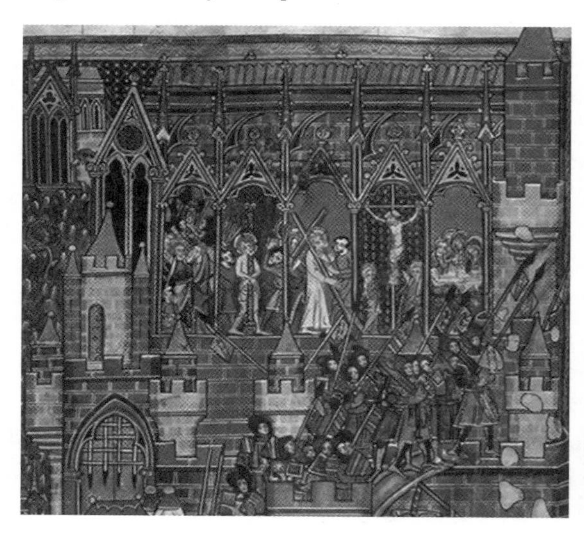

Jerusalén, el objetivo principal de los cruzados. Ilustración medieval.

Las noticias llegaron a Damasco. Al-Adel era viejo y tenía pocas ganas de guerrear como en tiempos de su hermano el gran Yusuf (Saladino). Siempre quiso hacer todo lo posible por mantener la paz.

Algunas noches más tarde, debido seguramente a las preocupaciones, sufrió un ataque cardíaco y falleció. Al-Kamil, que había conseguido frenar a los cruzados, tuvo que enfrentarse a las intrigas internas ocasionadas por las distintas ambiciones de quienes aspiraban a ocupar el trono del sultán fallecido. El esfuerzo debilitó notablemente su posición y prefirió ceder la Ciudad Santa, incluso toda Palestina, a cambio de Egipto. Jean de Brienne pactó con él, pero había otra dificultad, un fundamentalista furibundo entre sus aliados, un cardenal español llamado Pelayo Gaytán, partidario de acabar con los infieles a toda costa. Este hombre, que había sido comisionado por el Papa como jefe de las tropas, ordenó el asalto de Damieta. La guarnición estaba muy debilitada y entregó la ciudad casi sin poner resistencia.

Entonces, Gaytán pretendió dominar todo Egipto rápidamente, pero ya estaba de camino el rey germano-siciliano, Federico de Hohenstaufen, con un gran contingente de tropas, y optó por esperar.

Al-Kamil buscaría apoyo en todas partes para fletar una poderosa armada con la que aplastaría en el verano de 1220 a los barcos cristianos frente a Chipre. Tras el éxito, ofreció de nuevo la paz, que por supuesto volvió a ser rechazada. Los cristianos intentaron otra vez el asalto de El Cairo pero, a las tropas de refuerzo mandadas desde la Yazira por Al-Ashraf y desde Siria por Al-Moazzam, se unió el Nilo que estaba en época de crecida, y los cristianos no tuvieron más remedio que detenerse.

El 26 de agosto de 1221, un grupo de soldados musulmanes reventó los embalses y sus enemigos quedaron paralizados en medio de un lago de barro, incluido el furibundo cardenal hispano, herido en su orgullo hasta límites insospechables.

Una vez vencidos, no tuvieron más remedio que aceptar unas condiciones durísimas por parte de Al-Kamil, como fueron entregar Damieta y comprometerse a mantener una tregua que habría de preservar la paz durante los ocho años siguientes. Una nueva campaña de los cristianos que se saldó con un estrepitoso fracaso.

San Francisco ante el sultán

VEAMOS CUÁLES FUERON LAS PERIPECIAS del viaje legendario de un santo empeñado en convertir a los musulmanes.

San Francisco de Asis acompañó a los *frany* hasta Oriente con la intención de visitar al sultán. Para ello partió desde Ancona en un barco hacia Egipto

Una vez llegó a su destino fue hasta el campamento de las tropas que iban a asaltar Damieta. Dicen los cronistas que sintió una fuerte impresión asistiendo a una batalla que causó numerosas bajas entre los soldados cristianos. Buscó entonces al cardenal Pelayo Gaytán, a quien pidió permiso para visitar a Al-Kamil.

El español ni le autorizó, ni le disuadió. Francisco entonces, acompañado por fray Iluminado, consiguió una barca y cruzó el Nilo hasta el campamento de los agarenos, que no les recibieron entre aplausos precisamente. Sin embargo, la sospecha de que era portador de una embajada para su jefe hizo que fueran detenidos y conducidos a

San Francisco convirtiendo a Malek Al-Kamil y a las principales autoridades religiosas musulmanas ante su estupor. Le invitaron a marcharse amablemente sin daño alguno.

su presencia, aunque algo magullados por un cierto forcejeo con sus captores.

Cuando fue recibido, manifiestó que llegaba por voluntad propia y que tenía la intención de mostrarle que la religión verdadera es la que él predicaba, proponiéndole una prueba exagerada: «*Yo entraré en una hoguera. Si me quemo, será que soy un pecador, pero si me salvo, reconocerás que es mi Dios quien habrá impedido que el fuego me mate. Entonces te convertirás con los tuyos a mi religión*». El sultán sonrió considerando que el religioso era un hombre muy ingenuo, pero noble: «*No voy a hacer eso, no quiero ser lapidado por los míos.*».

Su sabiduría le indicó que estaba ante un hombre piadoso. Un futuro santo cristiano al que debía tratar con toda amabilidad y respeto, a pesar de sus creencias, que él juzgaba lógicamente equivocadas. Por eso, como primera medida ordenó a sus médicos que le atendieran convenientemente. Luego permitió a los frailes predicar ante las autoridades religiosas musulmanas, que les escucharon con mucha atención, pero sin ninguna convicción.

Por supuesto no hubo conversiones, al menos entonces. Lo que sí sucedió es que criticaron mucho al sultán quienes pensaban que aquellos «infieles» debían ser decapitados según la ley coránica. Pero el mandatario les respondió haciendo gala de gran prudencia y sabiduría: «*No condenaré a muerte a quienes vienen a hablarme de su Dios a riesgo de su vida*».

San Francisco se dio cuenta de la inutilidad de su empeño y decidió volver a la zona cristiana, tras rechazar los extraordinarios regalos que quiso hacerle Al-Kamel. Sin embargo, si aceptó un cuerno de marfil tallado, que hoy día puede contemplarse en la basílica del Santo. Con este objeto, un pasaporte real, podría ir libremente por donde quisiera y cuando le pareciera bien.

Cuentan que tanto le impresionó la personalidad de Francisco que, al despedirse, le dijo en voz muy baja: «*Rezad al verdadero Dios para que me ilumine y me diga cuál es la ley o la religión que más le resulta de agrado.*» Al parecer, a partir de entonces se volvió un musulmán algo más piadoso y magnánimo.

Jean de Brienne, que acabó su vida siendo fraile menor en Asís, donde está enterrado, hizo justicia con aquel hombre y reconoció públicamente que, tras la caída de Damieta, había recibido de él un excelente trato.

La Sexta Cruzada

(1228-1243)

Federico II Hohenstaufen, un amigo de los musulmanes

Jean de Brienne se convirtió en suegro del nuevo emperador Federico II, cuando éste se casó con su hija Yolanda, en el año 1225. El alemán era el nuevo regente de Jerusalén. Venía precedido por una gran fama de hombre culto que conocía perfectamente el árabe, capaz de establecer pactos con los infieles. Además estaba muy interesado en la cultura y praxis de los místicos sufíes. Este monarca molestaba en Occidente, sobre todo al Papa convocante de la Cruzada, Honorio III. Desde la óptica de su tiempo se trataba de *renegado* por ser buen amigo de Al-Kamil. Por ello, sería excomulgado en varias ocasiones por el Papa Gregorio IX, que le acusaba de mantener una actitud diletante, además de su pretensión de reinar sobre parte del territorio italiano y su empeño en conseguir los Santos Lugares negociando con los musulmanes.

Es justo reconocer que fue un monarca con gran sensibilidad, que supo reconocer la superioridad de sus enemigos en muchas disciplinas, como la medicina, la astronomía o la poesía. Aunque era el gran emperador de Occidente, sabía que había otro «imperio» entre el Tigris y el Eufrates o, quizá a las orillas del río Jordán. Su fascinación por todo ello le llevó incluso a que en su reino se escuchara frecuentemente los rezos de los almuédanos. Por otra parte, estaba bastante en desacuerdo con las frecuentes batallas debidas a motivos religiosos que emprendían los Papas con el concurso de los reyes europeos, mucho más bárbaros que los refinados orientales.

Federico II Hohenstaufen, Emperador del Sacro Imperio Romano Germánico.

Sin embargo, Federico aspiraba a ser el nuevo rey de Jerusalén y, confiando en que su cercanía a Al-Kamil le permitiría conseguirlo de un modo sencillo, viajó en el año 1228 hasta su destino con tan solo tres mil hombres.

El árabe, que estaba dispuesto a entregarle la ciudad, sobre todo para tener un «aliado» occidental mucho menos peligroso que sus correligionarios, debía diseñar una estretagema para poder lograrlo sin que hubiera una revuelta popular, ni le consideraran un traidor.

Encontraría un recurso propagandístico eficaz e inteligente, que consistiría en exagerar públicamente la importancia de las tropas que cercaban la ciudad y anunciaría que «*...se avecina una guerra sangrienta en la que habrá muchos muertos.*»

A finales del año 1228, el alemán entró en la Ciudad Santa sin un solo combate. Además, el acuerdo contemplaba la creación de un corredor hasta la costa, las ciuda-

Castel del Monte (Apulia, Italia).
Este edificio, donde todo está basado en el número ocho, fue mandado construir por Federico II en 1229.
Es un misterioso edificio con connotaciones esotéricas, posiblemente inspirado en algún conocimiento secreto conseguido en Tierra Santa, como muchos edificios del Temple, donde el número ocho está tan presente como en él.
En cualquier caso, su soberbia planta, que puede verse desde cualquier punto de la región puesto que está situado en lo alto de una colina, es única en el mundo, y el único castillo de estas características construido por el emperador .

des de Nazaret y Belén y el castillo de Tibnin, cerca de Tiro. Sin embargo, los creyentes podían permanecer en la ciudad, en la zona de Haram ash-Sharif. El propio rey sería quien firmara el acuerdo con Fajr al-Din, el representante de Al-Kamel. Durante un visita a la Cúpula de la Roca, bromeó con una inscripción en la que se hacía referencia a Saladino, que «*...habría purificado la ciudad de la presencia de los mushrikin.*» Emplearía también un doble juego de palabras para calificar a los *frany* como «cerdos».

En fin, estamos ante un personaje que, aunque era cristiano, estaba más cerca de la sensibilidad musulmana de lo que hubiera gustado a sus aliados occidentales. Sea como sea, Federico II era ahora quien se sentaba en el trono de Jerusalén.

Leyendo a sus mentores, sabemos que el cronista sirio Sibt Ibn al-Yawzi consideraba que este hombre: «*...pelirrojo, calvo y miope...que si hubiera sido un esclavo no lo compraría ni por doscientos dirhems...*», en realidad no era ni cristiano ni musulmán. Era un ateo y en el Corán se decía expresamente que éstos debían ser condenados a muerte. Esta circunstancia y la ocupación de la Ciudad Santa propiciaron que en el año 1229 muchos árabes acusarann a Al-Kamil de traición y emprendieran acciones contra él, pero éste conseguiría ocupar Damasco y aplastar a los disidentes. El sultán de la ciudad, Al-Naser huyó y se refugió en el bastión de Kerak, un castillo situado en la otra orilla del río Jordán.

> «Las ideas del emperador fueron mal interpretadas y utilizadas como justificante de algunas barbaridades, como la génesis del nazismo. A pesar de la dureza de las Cruzadas, la Segunda Guerra Mundial fue la guerra de las guerras, la más devastadora de todos los tiempos, y aquella en que más símbolos fueron

puestos al servicio de la demencia. La «Tercera«, de la que el mundo tomó conciencia el 11 de septiembre en Nueva York, tiene algunas raíces en un tiempo tan remoto como la Edad Media. Algunos analistas reconocen que es consecuencia del odio y la frustración generada en Asia Menor en la época de las Cruzadas.»

En octubre de 1240, Ricardo de Cornualles, dirigiendo una gran flota, desembarcó en el puerto de Acre con tropas inglesas dispuestas a defender las conquistas ya realizadas. Un año después, el 23 de abril, se firmará la paz de Ascalón. Los *frany* recuperaron Galilea, Belén y Jerusalén, que habían perdido en noviembre de 1239.

Tras la muerte de Al-Kamil (1243), Al-Naser, que en el año 1238 había tratado de recuperar el trono de Damasco, firmó una alianza contra sus propios convecinos y ofreció a los cristianos reconocer su derecho pleno sobre la ciudad del Santo Sepulcro, e incluso retirar a todos los religiosos que quedaban en ella. Como vemos, los nuevos juegos turbios de alianzas y trampas fueron muy abundantes en ambos bandos.

Túnel construido por los templarios en San Juan de Acre para unir sus fortalezas.

Sin embargo, Jerusalén sería conquistada de nuevo el 23 de agosto del 1244 por los turcos kharezmianos. Los cristianos no la recuperarían ya nunca más. Sin embargo, los árabes tendrían pronto que hacer frente a un nuevo peligro que esta vez venía desde el norte. Desde Mongolia, al mando de Gengis Khan, hordas de guerreros centroasiáticos y turcos que habían demostrado una especial ferocidad empezaban a intentar apoderarse del mundo. Habían destruido ya China, reducido Rusia a escombros y vaciado de habitantes ciudades tan importantes como Samarkanda, que no pudo resistir el empuje brutal de un hombre cuya idea fija era: «... *destruirlo todo para que la tierra fuera una inmensa estepa en la que los hijos de los mogoles fueran libres y felices, y crecieran fuertes amamantados por sus madres.*»

Gengis Khan.

La Séptima Cruzada

(1248-1254)

El error de San Luis, rey de Francia

FEDERICO II HABÍA LOGRADO A TRAVÉS DE LA DIPLOMACIA quince años de paz en Jerusalén bajo los gobiernos cristianos. Pero de repente, en 1247, cambió de parecer y optó por volver sus ojos hacia Egipto y entenderse con los dirigentes cairotas. Luis IX, el rey francés que sería llevado a los altares por su contumacia más que por su sensatez, empezó a prepararse para intentar de nuevo la recuperación de la Ciudad Santa, a pesar de los consejos en sentido contrario que le dió el alemán, quien, por otra parte, advirtió con discreción a Ayyub, hijo de Al-Kamil, de las intenciones del que debiera haber sido su aliado. Jerusalén obedecía entonces al sultán de El Cairo. Su actitud molestó enormemente al Papa Inocencio IV, que se puso en contacto con todos los caballeros dispuestos, para convencerles de que había que iniciar una nueva expedición.

En 1248, el rey francés llegó a Chipre con la intención de tratar de pactar una alianza con los mogoles para encerrar a sus enemigos entre dos frentes, una aspiración que

Simone Martini, *San Luis de Francia y San Luis de Toulouse*. Fresco pintado en 1317 en la Capilla de San Martín, Asís.

habían tenido todos los reyes cristianos. Pero el entendimiento era prácticamente imposible. Una delegación de los guerreros de las estepas del centro de Asia acudió a la isla a negociar, pero su actitud fue altanera e irritante. Trataron al rey como un simple vasallo, un inferior, y le obligaron a obsequiarles con presentes suntuosos y caros. San Luis pretendía que en algún momento se convirtieran al cristianismo, pero sus anfitriones no prometieron nada y sin embargo le exigieron que todos los años les envíara nuevos regalos. Luis, humillado, se negó a satisfacerles, y los mogoles regresaron sin sellar una alianza que hubiera sido muy conveniente para afrontar con éxito la siguiente campaña, que ya preveía iba a resultar dura y costosa.

Los musulmanes estaban ya acostumbrados a la política de pactos y quisieron evitar tener que hacer la guerra, pero los cristianos, soberbios y necios, se empeñaron en continuar con su extraña estrategia de realizar matanzas masivas, sin darse cuenta de que este era el peor camino, porque los éxitos momentáneos, sin una cierta mesura y generosidad, podrían convertirse en desastres difíciles de explicar en la retaguardia.

En 1249, los cristianos consiguieron su primera victoria en Damieta, que había conocido en el pasado días de gloria cuando había resistido varios ataques. Fue conseguida sin resistencia apreciable. El mundo árabe se agitó y el descontento surgió por todas partes. Ayyub había caído enfermo y el 23 de noviembre falleció víctima de una enfermedad pulmonar, con lo que la confusión de sus allegados creció. Sin embargo una esclava llamada Shayarat-ad-dorr concibió una astuta estrategia, que consistía en procurar que no se supiera que había muerto, y mientras tanto llamar a los hermanos a la yihad. A pesar de esto, el rey francés se dio cuenta de la estratagema y se sintió con la moral suficiente para ir a asaltar Mansourah, la ciudad que había construido Al-Kamil. La captura de Damieta había contribuido a enardecer a los cristianos.

A pesar de la resistencia de sus habitantes, gracias a una traición consiguieron entrar en tropel por sus calles matando a todo el mundo, incluido el viejo emir Fajr al-Din. Iban pertrechados como verdaderas máquinas de guerra, incluso algunas tropas de élite, como trescientos templarios británicos, se internaron por sus calles cometiendo tropelías. Distraidos en estos menesteres, no se die-

Batalla de Mansourah. Febrero de 1250.

ron cuenta de que una numerosa tropa de caballería de los mamelucos turcos, que había acudido a la llamada de la esclava, penetraron en sus calles, y uno tras otro fueron matando a casi todos los caballeros cristianos. De los templarios, sólo consiguieron sobrevivir cinco. Los demás fueron atravesados por las espadas o cayeron bajo los golpes de las mazas.

Jerusalén era cada vez más inalcanzable como objetivo de los cristianos, cuyo necio comportamiento les convertía en verdaderos suicidas. Margarita, reina de Francia, fue capturada junto con su hijo recién nacido. El rescate que tuvieron que pagar por ello fue la recientemente conquistada ciudad de Damieta. Al monarca *frany* le hubiera hecho mucha más falta la astucia que un desmedido y absurdo ardor guerrero. Sin embargo no aprendería y cometería más errores posteriormente.

Sin embargo, esta vez tuvo que aceptar que su posición era muy desfavorable e intentó negociar con Turah Shah, hijo de Ayyub, para obtener Jerusalén a cambio de Damieta. Su oferta fue rechazada porque no estaba en condiciones adecuadas para hacer ningún pacto. Por otra parte, la retirada se hizo muy difícil, puesto que los árabes habían capturado o destruido unos cien barcos de todas las clases. Luis, acorralado, tuvo que suplicar que no le mataran. Se conformaron con encadenarle y hacerle preso en Mansourah.

Entretanto, una conspiración de oficiales turcos, en desacuerdo con el hijo de Ayyub, dio un golpe de estado que acabó con la vida de Turah Shah a orillas del Nilo. Es-

Los cristianos, con todos sus pertrechos, eran verdaderas máquinas de guerra. Aunque al principio fueron muy eficaces, no tenían garantizada la invulnerabilidad, y fueron cayendo poco a poco en el interior de la ciudad.

te incidente terminó con una decisión sorprendente para quienes conozcan las costumbres de los musulmanes a lo largo del tiempo. Se nombró sultana a la esclava Shayarat-ad-dorr, que se hizo llamar a sí misma Um Jalil (madre de Jalil, el nombre de uno de sus hijos, muerto en edad temprana). Poco tiempo después se casaría con Aibek, un mameluco que de repente se vio con la responsabilidad de ser el nuevo sultán.

El rey Luis fue liberado y devuelto a su país, tras pagar un millón de dinares como rescate, con lo que los *frany* dejaron de ser una amenaza para los musulmanes.

El peligro vendría ahora del norte. A partir de entonces los mogoles se hicieron mucho más intransigentes para con los árabes. Los guerreros que se habían entrenado con Gengis Khan eran mucho más peligrosos y duros luchando que los cristianos, a los que recordarían con alguna nostalgia.

Hulagu, jefe mogol. Tras la Séptima Cruzada, se convirtió en un nuevo azote para los árabes.

Ascenso y caída del Imperio mogol en Tierra Santa

EL CRONISTA IBN AL-ATIR de nuevo nos hace un relato dramático en su *Historia Perfecta*: «*Si os dijeran un día que la Tierra no ha conocido jamás tal calamidad desde que Dios creó a Adán, no dudéis en creerlo, pues ésa es la estricta verdad...hasta el fin de los tiempos no se verá otra catástrofe de tal envergadura.*»

El *gran jinete mogol* no se había atrevido hasta ahora más que a hacer algunas incursiones de poca entidad en territorio persa. Cuando le llegó la muerte en el año 1227, contaba sesenta y siete años. Tras su desaparición, las hostilidades contra los árabes disminuyeron notablemente. Pero ahora, tres nietos suyos aspiraban al poder, y tuvieron que repartirse los territorios. Halagu se instaló en Persia, donde diseñó una política expansionista que le llevaría a conquistar todo el Oriente, alcanzando las orillas del Mediterráneo; Magu Khan se convirtió en el nuevo soberano del imperio mogol y estableció su capital en Karakorum, en territorio de Mongolia y Kubilai se coronó a sí mismo como nuevo rey de China.

Hulagu era un hombre culto con ansias por adquirir los conocimientos de filosofía y ciencias que poseían sus enemigos. En contraste era un guerrero bastante más fiero que todos los conocidos hasta entonces. Un individuo sanguinario y cruel que pretendía destruirlo todo. Estaba imbuido de nestorianismo, una herejía nacida en los primeros tiempos del cristianismo que en este momento era una iglesia cismática, pero que practicaba la brujería, el chamanismo y los ritos mágico-religiosas tradicionales de su pueblo. Su objetivo era ahora llegar hasta Bagdad y conquistarla de modo contundente y demoledor.

Al-Mutasim, su califa, recibió un mensaje enérgico e inequívoco, debía reconocer la soberanía de los mogoles: «...*y recuerda que tus ancestros aceptaron a los selyúcidas, con lo que ahorraron dolores a su pueblo*...».

La reacción fue la lógica en estos casos, amenazarle con levantar a todo el Islam en su contra. Pero el mogol no se dejó intimidar por los numerosos guerreros con los que contaban sus tropas, que le hacían sentirse fuerte, confiado y muy seguro de sí mismo.

Se cuenta que fueron varios centenares de miles de hombres los que, sobre sus caballos, se dirigieron hacia la capital abásida en el año 1257. Aprovechando la incursión, consiguieron destruir Alamut, la fortaleza de los «asesinos». Desgraciadamente quemaron su extraordinaria biblioteca, de donde salieron muchos de los secretos que fueron difundidos en Europa por los monjes-soldados del Temple, a la vez que documentos imprescindibles para comprender aquella secta, modelo de algunos grupos terroristas que hoy día han convertido el mundo en un lugar inquietante e inseguro.

El asedio de Bagdad fue terrible. Al-Mutasim quiso que los asaltantes respetaran a todo aquel que se rindiera. Pero los mogoles no tenían ninguna intención de mostrar la menor debilidad y fueron destruyendo todo a su paso con extrema ferocidad. Eran como una maldición imposible de contener. A partir de la madrugada del 10 de febrero de 1258, se desataron las fuerzas del Averno. Destruyeron edificios, violaron a las mujeres, degollaron a los niños y a los ancianos. Nadie estaba a salvo. El saldo fue de casi ochenta mil muertos. Sólo unos pocos cristianos pudieron sobrevivir gracias a la intercesión de la mujer de Hulagu. Es la primera vez en toda su historia que los ára-

***¡Oh señor! Tú que abres todas las puertas, abre la mejor puerta para nosotros.* Esta sura del Corán debió ser invocada frecuentemente ante lo que estaba sucediendo.**

bes sintieron miedo por el peligro de la desaparición total de su religión y su etnia (hoy día diríamos que aquel fue uno de los más grandes genocidios conocidos).

Tras fulminar la ciudad de los dos ríos, las hordas de mogoles se dirigen a continuar su labor en Alepo. En enero del 1260, la ciudad cayó en pocas horas y quedó aplastada como si las nubes se hubieran vuelto de piedra y se hubieran desplomado sobre ella. Jamás los árabes, ya acostumbrados a toda clase de conflictos, vieron nada parecido. Inmediatamente después Hulagu sitió Damasco, donde algunos gobernadores, conscientes de su extrema debilidad, reconocieron al Khan como su nuevo señor.

Los cristianos, mientras tanto, adoptaron diversas posiciones. Bohemundo, príncipe de Antioquía, y el rey armenio Hetum apoyaron a los mogoles. En Acre, sin embargo, prefierieron no intervenir y apoyar discretamente a los árabes. Todos pensaron que la contienda tenía semejanzas con su Cruzada. Kitbuka, el general mogol, pertene-

Los musulmanes llegaron a creer que su cultura y su arte serían destruidos y desaparecerían para siempre, pero fueron los mogoles quienes terminaron siendo musulmanes. Prueba de ello es el magnífico Taj Mahal, en Agra (India), construido en 1631, por el emperador Sha Jahan, de la dinastía mogol.

cía a la iglesia nestoriana. La capital siria cambió de dueño el 1 de marzo del año 1260. Hetum y Bohemundo acompañaron a los conquistadores en su entrada triunfal.

Empezó entonces a sospecharse que Hulagu tenía la intención de llegar hasta La Meca y conquistarla, con lo que la sensación de humillación se hacía insoportable.

Fueron cayendo algunas ciudades como Nablus. En todas partes se temía la inminente toma de Jerusalén. Sin embargo, los mamelucos cairotas, acorralados, reacionaron con violencia y se convierten en el último bastión contra el imparable avance mogol. Pero la legendaria muerte del sultán y de su esposa venía a complicar las cosas, según los rumores que circulaban entre el pueblo. «*Shayarat-addorr recriminaba a su esposo Aibek el haber tomado una nueva esposa de catorce años, cuando este le respondió: 'Tú ya eres vieja'. Ella, que disimulaba resignación, encontró la forma de matarlo de una puñalada. Un hijo del sultán lo observa y sale corriendo a avisar a la guardia. La sultana corre detrás de él, pero tropieza y se desnuca.*»

A pesar de que ambos habían tenido un hijo que debería haber sido el nuevo sultán que asumiera el poder en El Cairo, el mameluco Saif ad-Din Qutuz protagoniza un golpe de estado contra él y se alza con el poder para inmediatamente llamar a la *yihad*.

Concididió entonces que Hulagu tuvo que marcharse para atender las luchas sucesorias que se producían en Asia central tras la muerte de su hermano Mangu. Sólo quedaron en Tierra Santa unas pocas hordas mogolas al mando de Kitbuka. Los mamelucos marcharon hacia Acre y empezaron a atacarles. Mientras tanto, una revuelta espontánea en el interior de Damasco terminó con la vida de muchos de ellos.

Qutuz parecía hacerse de nuevo con el control de la situación. El choque entre él y Kitbuka se hizo inevitable. Tendría lugar el 3 de septiembre de 1260 en la llamada *Fuente de Goliat* donde el mogol no pudo evitar caer en una trampa inteligentemente urdida por el árabe. Los magníficos jinetes de la estepa serían entonces exterminados y la cabeza de su jefe terminó rodando por el suelo. Había llegado el fin de la hegemonía de las tropas del nieto de Gengis Khan. El episodio recibe el nombre de Batalla de Ain Yalut. El Islam pudo ahora respirar tranquilo. Incluso los hijos de Hulagu se conviertieron a la fe de Mahoma.

En octubre del año 1260 volvió a recuperarse Alepo. Qutuz empezó a recelar de las ambiciones de su lugarteniente, el general Baybars. El día 23, cuando ambos se dirigían a Siria para defender los intereses del sultán, éste propuso a su compañero ir a cazar liebres. Aprovechando el momento en el que descansaban, Baybars asesinó a Qutuz por la espalda. Inmediatamente volvió al campamento y fue nombrado nuevo sultán. Los mamelucos le aceptaron como su verdadero jefe. Éste, que era un hombre brutal, severo y despiadado, sin embargo se convertiría en el nuevo unificador de toda la región tras la conquista de Damasco. A pesar de todo ello, se le tuvo por gran estadista. Bajo su reinado El Cairo recuperaría todo su esplendor. Se construirían multitud de edificios, carreteras y otras infraestructuras.

Los tártaros y los armenios fueron las únicas fuerzas que le detuvieron en el norte de Asia Menor. Pero su rey, Hetum, fue incapaz de evitar que devastase su reino. Fueron capturados cuarenta mil de ellos.

Tampoco le inquietaban los *frany*, que estaban ya muy disminuidos en su número, ni por los rumores que empezaron a difundirse en el año 1268 de que se estaba preparando una nueva expedición para intentar por última vez recuperar Jerusalén.

Tal hazaña ya no fue posible, la ciudad donde había predicado y muerto Jesús de Nazaret jamás sería recuperada por los cristianos de forma total. Durante muchísimos años, en sus calles sólo se escucharon los rezos de los almuédanos cinco veces al día desde los minaretes de las mezquitas, o haciendo eco en los mihrabs.

El magnífico mihrab de Medina Zahara.

La Octava Cruzada

(1270)

La muerte de San Luis

EFECTIVAMENTE, ALGO ESTABA PASANDO. El fracaso de la anterior operación militar no desanimó a San Luis que quiso repetirla a toda costa para hacer un nuevo intento de recuperar el Santo Sepulcro.

Balduino II, el emperador latino de Constantinopla, había intentado en 1238 conseguir su ayuda para mantenerse en el poder. Para ello consiguió que los venecianos le devolvieran la Corona de Espinas de la Pasión, que le regaló. El rey francés la llevó a París, donde construyó para ella el inmenso relicario que es la Saint-Chapelle. Desde entonces quería a toda costa ser el rey de Jerusalén. No es de extrañar pues este empeño.

Los mamelucos se sentían fuertes tras sus últimas victorias, y Bizancio, ocupada de nuevo por los griegos, andaba como siempre revuelta en numerosas luchas intestinas.

Los preparativos tardaron tres años en completarse. A su término, el rey francés embarcó en Aigües-Mortes camino de Túnez. El desembarco tuvo lugar en Cartago. Le acompañaban seis mil hombres. El rey tunecino Muley-Mostansah le había prometido ayuda y convertirse al cristianismo, pero era sólo una estratagema para ganar tiempo. Carlos de Anjou, rey de Nápoles, hermano del francés, había tratado de conseguir el fin de los ataques de los piratas turcos tratando de convencerle de la conveniencia de esa medida, prometiéndole grandes ventajas y beneficios.

Al sentirse engañado, comienzó el asedio de la ciudad. Pero los cristianos sufrieron una epidemia de peste bubónica que acabó con la vida del hijo del rey y del embajador del Papa entre otros.

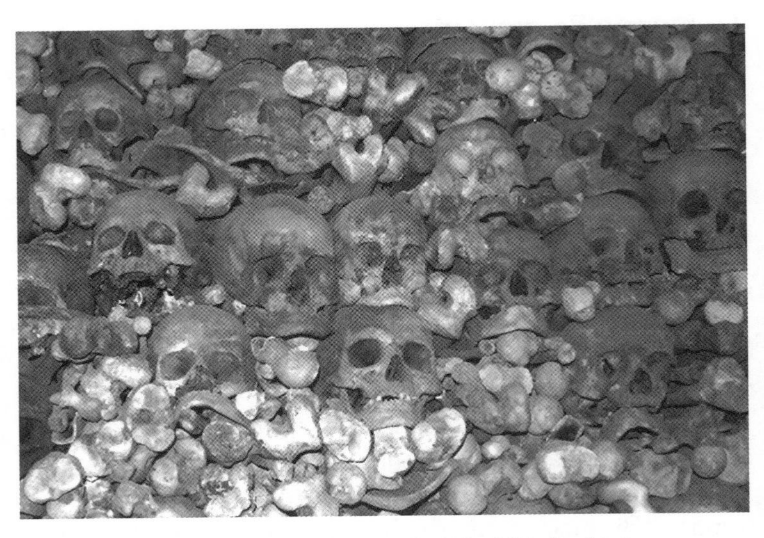

Las epidemias de peste durante la Edad Media hicieron que los esqueletos fueran utilizados como material de construcción. Son los célebres osarios repartidos por todo el mundo (en la foto fragmento del de Wamba, Valladolid).

San Luis se empeñó personalmente en acciones para cuidar y aliviar los sufrimientos de sus hombres, lo que tuvo como consecuencia que contrajera la enfermedad. Fallecería el día 25 de agosto del año 1270.

Mientras tanto, Baybars se dispuso a mandar una expedición en ayuda del turco, pero al recibir la noticia de la muerte del rey cristiano y de gran parte de sus tropas, prefirió centrarse en otras acciones punitivas contra los *frany* que quedaban en la región. Por ejemplo, en el mes de marzo del año 1271, consiguió entrar en la fortaleza más siniestra construida en Tierra Santa, el *Hosn-al-Akrad*, más conocido como el *Krak de los caballeros*, que había resistido al mismísimo Yusuf, el gran Saladino.

Carlos de Anjou se puso al mando de las tropas y se dirigió contra el sultán. Tras varias batallas en las que vencieron los cristianos, se firmó un tratado de paz mediante el que tendría que pagar doscientas mil onzas de oro, liberar a todos los cautivos y consentir la edificación de iglesias en todo el reino. Túnez pasaría a partir de este momento a ser tributaria de Sicilia.

El regreso de las tropas fue desastroso. Una tormenta hundió un gran número de barcos con todos sus tripulantes, unos cuatro mil aproximadamente. Ese fue el triste epílogo de la historia de las Cruzadas, aunque realmente todo no terminará aquí ni mucho menos, porque la crónica del enfrentamiento entre dos religiones, culturas y civilizaciones, seguiría permanente a lo largo del tiempo y llegará hasta nuestros días. Aquellos ayubbíes, por ejemplo, que sufrieron tanto a manos de los turcos, gracias al coronel inglés Thomas Edward Lawrence (Lawrence de Arabia), volverían a dar a los otómanos, años después, muchos quebraderos de cabeza. Los mogoles quedaron relegados en

La imponente fortaleza llamada
***Krak de los Caballeros*.**

sus estepas centroasiáticas, manteniendo las antiguas tradiciones ecuestres que les señalan como los mejores jinetes de todos los tiempos.

Como hemos visto, la visión romántica que algunos nos han transmitido de aquellos caballeros que, en nombre de la fe, fueron a conquistar los Santos Lugares, en realidad es falsa. Aquel fue un tiempo brutal, que protagonizaron hombres brutales y el resultado fue ese: brutalidad desmedida por ambas partes, si bien los musulmanes en ese momento estaban cultural y precientíficamente mucho

Un bastión que permaneció inexpugnable, prácticamente durante las ocho Cruzadas.

más avanzados que los cristianos. No se consiguió el objetivo principal, pero el resultado fue que la vieja Europa empezó a recuperar parte de la civilización perdida con la caída del Imperio romano, mientras que el Islam quedó estancado en algunos de los aspectos culturales en los que tanto habían destacado. Los únicos que siguieron los postulados de la Tradición fueron los sufíes, mantenedores de la sabiduría de los antiguos griegos, que consideraban el Universo como un conjunto de esferas que se movían armónicamente, movimiento que reflejaron en sus danzas.

Arriba: Joseph William Turner, *El naufragio*, 1805.
La pintura que refleja mejor que ninguna otra el dramatismo del colofón de la Octava Cruzada, y el fin de la aventura.
Abajo: Ilustración para un cuento sufí.

Después de las Cruzadas

Gregorio X durante el Concilio de Lyón, año 1274, intentó convocar la «novena», convenciendo a Miguel Paleólogo, que era entonces emperador de Bizancio, y a Rodolfo de Habsburgo, pero nunca llegó a concretarse nada y por lo tantola expedición no tuvo lugar.

En julio del año 1277 Baybars murió tras ser envenenado. Para entonces, los pocos cristianos que quedaban en Tierra Santa ocupaban una estrecha franja costera. Todos los enclaves estaban rodeados de mamelucos que no les dejaban ni respirar. La tregua se prolongó, porque ya no inquietaban a sus enemigos. Qalaun, el sucesor de Qutuz, unificador de la región, la renovó en el 1283, arrancándoles el compromiso de jamás aliarse con sus enemigos: «*Si un rey franco saliere de Occidente para venir a atacar las tierras del sultán o de su hijo, el regente del reino y los grandes maestres de Acre tendrían la obligación de informar dos meses antes de su llegada...La tregua durará exactamente diez años, diez meses, diez días y diez horas.*» Algunas ciudades no figuraban en el acuerdo, como por ejemplo Trípoli o la fortaleza de Marqab que permanecía en poder de los hospitalarios, y había servido para ayudar a los mogoles en el año 1281, lo que tuvo como consecuencia un asedio de cinco semanas por parte de Qalaun, que no les quería perdonar. En el año 1291, tras una lucha titánica, cayó Tolemaida, el último bastión cristiano.

El mayorquín Raimundo Lulio (Ramón Llull) emprendió una campaña para demostrar la falsedad de las propuestas de los teólogos árabes, quienes sostenían que «*lo que es falso en filosofía, puede ser verdadero en religión*». Para él, lo que era válido en una disciplina, lo era en la otra. Su empeño consistiría en tratar de conseguir la conversión de todos los musulmanes. Su muerte en el año 1315 dio al traste con su propósito. Seis años después, el historiador Marino Sanuto diseñó un plan que llevaría a la conquista de Egipto. También fray Andrés de Antioquía pretendió que el rey francés iniciara una nueva expedición. El duque de Borgoña, Felipe el Bueno, hizo un intento parecido convocando a los posibles participantes a un banquete en la ciudad francesa de Lille.

Muchos años después, el matemático Leibnitz trató de convencer a Luis XIV de que debía invadir el país de las Pirámides, pero el ministro Pomponne le echó un jarro de agua fría al comunicarle que desde el desastre de San Luis, «*las Cruzadas ya no están de moda en Europa*».

Napoleón Bonaparte inició una campaña para conquistar Egipto en 1798. Le acompañan treinta y dos mil soldados, además de 175 expertos en diversas materias, como por ejemplo el arqueólogo Vivant Denon. El primero de julio tomó Alejandría sin disparar casi un solo tiro. Los mamelucos, con técnicas de combates medievales, no eran fuerza con la que no pudieran los modernos soldados franceses. Pero no pudo seguir hacia Tierra Santa, porque Nelson destruyó la armada francesa y quedó aislado en medio de gentes que le manifiestaron claramente su hostilidad. Sin embargo, llegó hasta San Juan de Acre, que no pudo tomar porque sus soldados estaban enfermos, algunos de peste. Turcos, árabes e ingleses se aliaron para conseguir su capitulación el 30 de agosto del año 1801, tres años más tarde.

El dominio turco de Arabia empezó a declinar tras casi cuatro siglos, cuando el mencionado coronel Thomas Edward Lawrence apoyó la lucha de las tribus árabes contra sus dominadores, que serían expulsados. El rey Faisal entró en Damasco de la mano de lo que podríamos llamar la «guerrilla».

Y, por fin, llegamos al año 1948, cuando Jerusalén y Tierra Santa pasaron a manos de los judíos que se habían librado del holocausto nazi, creando el estado de Israel (incluso existe una película que trata del hecho: *Éxodo*). Como es del común, a partir de ese momento, el conflicto casi permanente que afecta a aquella zona del mundo desde tiempos remotos tiene el mismo protagonista de siempre, el mundo islámico, al que se unieron los hebreos que habían sido prácticamente expulsados en tiempos del emperador romano Tito.

Conclusiones

Como decíamos al principio, las Cruzadas no fueron sólo unas expediciones militares destinadas a conquistar los Santos Lugares, ni su empeño principal fue proteger a los peregrinos. Esa quizá fue la intención inicial, fruto de los impulsos visionarios de algunos «santos varones» enardecidos por una indignación forzada, movidos casi siempre por un fundamentalismo religioso excesivo. Pero hay algo más, fueron movimientos migratorios que proporcionaron quehacer a cientos de miles de hombres ociosos, cuyo principal entretenimiento consistía en guerrear entre ellos.

El Imperio Romano significó uno de los estadios evolutivos más altos de cuantos ha conocido la historia. Su civilización se basó en el derecho y en una política orientada a dominar el mundo, con el fin de proporcionar la satisfacción de las necesidades más básicas y el mayor confort a sus súbditos. Durante cierto tiempo, tuvo todo el éxito que era posible con los medios de que disponían. Su poderío militar indiscutible fue garantía de estabilidad a lo largo de varios siglos. Al desmembrarse como consecuencia de la relajación, las intrigas y los abusos entró en un proceso de decadencia. El orden se sustituyó por un cierto caos y la cultura por la ignorancia. La regresión significó retroceder a visiones del mundo restringidas, egoístas y apegadas al interés personal. La lealtad fue un valor que todos reivindicaban, pero pocos practicaban. La mejor imagen la tenemos si imaginamos que los campos de cultivo se convirtieron en descampados donde se sucedían las batallas. Los cereales y las ovejas, destinados a dar de comer a miles de personas, dieron paso a la caza y la rapiña. Las pequeñas fortunas de subsistencia se convirtieron en botines para diferentes grupos de bandidos que terminaron siendo soldados profesionales al servicio del señor feudal que mejor pagara.

Desde los castillos, los señores feudales eran dueños y señores de las vidas y haciendas de sus protegidos.

Sin embargo, no todo es atribuible a la imperfección humana. La naturaleza influyó también. El frío fue responsable del cambio en los hábitos agrarios y pecuarios. Una especie de «miniglaciación» obligó a sustituir unas fuentes de energía por otras. Lo que se obtenía con el arado, se consiguió después con la espada. Los productos que daba la tierra eran insuficientes, por lo tanto había que atender las necesidades propias con la hacienda de los demás. Ésta fue la esencia del feudalismo. La inseguridad se paliaba construyendo un tipo de fortificaciones formidables, cuyas ruinas salpican hoy el mundo civilizado, los castillos. Éstos, cuya función era fundamentalmente defensiva, eran, como puede comprobarse hoy puesto que muchos aún permanecen en pie, fríos e insalubres. El método de obtención y almacenamiento de agua mediante aljibes fue origen de multitud de enfermedades que hicieron disminuir la espectativa de vida.

He aquí el panorama social que describe la Alta Edad Media. Las Cruzadas, de algún modo, constituyeron un alivio. Primero porque hubo una notoria disminución de la población masculina. Luego porque, al tener que desplazarse lejos, el avituallamiento se obtenía en gran parte con los botines capturados a enemigos remotos que además eran infieles, gente a la que se podía eliminar con el consentimiento y a veces la iniciativa del Papa.

Una de las consecuencias más notables es que entraron en contacto dos civilizaciones cualitativamente distintas. Los *frany* eran bastante brutos e incultos, sin embargo los orientales estaban en el mejor momento de toda su historia. Eran muy buenos médicos, matemáticos, astrónomos tradujeron los clásicos griegos (jamás hubiéramos llegado a conocer a Aristóteles si no hubiera sido por ellos).

Su refinamiento, sofisticación y buen gusto constituían un contraste evidente. Además de todo esto, los alquimistas árabes estaban sentando las bases de la química, la física y

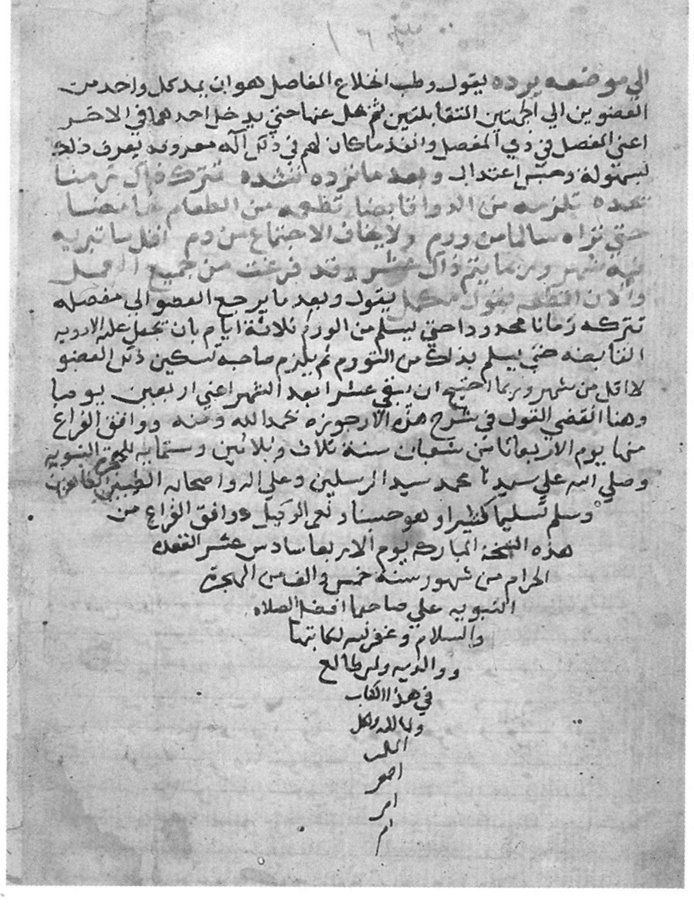

Tratado de medicina manuscrito de Avenzoar (1095-1162).

la farmacia que posteriormente serían introducidas en Europa. Hay algunos testimonios estremecedores, como esta perla sin desperdicio: «*Mandó el rey cristiano traer a un médico de Damasco. Cuando vino, se puso a contrastar su ciencia con el médico francés para atender a un hombre y una mujer que estaban enfermos. El primero sentenció que la mujer tenía un abceso en el cuero cabelludo y que había que ponerle un emplasto de barro y mostaza. El cristiano dijo que eso no era cierto. Lo que pasaba es que se había alojado un demonio en su cabeza. Así que mandó practicar un agujero y realizar un exorcismo. La mujer, que se hubiera salvado, murió. El hombre tenía la pierna llena de pústulas. El árabe opinó que se trataba de la consecuencia de una herida mal curada y recomendó que fuera lavada con agua, sal y vinagre, y luego se aplicaran trapos limpios con aceite y un unguento hecho con ajos. Sin embargo el cristiano despreció su dictamen y le cortó la pierna. También murió. Así es como practicaban la medicina de modo tan distinto los dos sabios*».

Algunos de los cristianos, sobre todo los templarios de élite, se dieron cuenta de que estaban ante gente más inteligente y práctica, y procuraron hacerse con la mayor parte de estos conocimientos y luego administrarlos según su conveniencia, si no personalmente, si apoyando a ciertas agrupaciones sociales, como los maestros canteros, por ejemplo, que fueron los artífices del gótico. En este sentido, como ya hemos visto, su contacto con la secta de los *asesinos* fue esencial para introducir en Europa el uso de sustancias alucinógenas para obtener estados de alteración de conciencia con fines religiosos.

En lo militar, las campañas detuvieron el avance tanto de los turcos, como de los mogoles sobre Costantinopla y los restos del Imperio. «*... la contienda que tuvo lugar a las orillas del Jordán o del Nilo se hubiera trasladado a las del Danubio o del Sena.*», nos dice certeramente el historiador César Cantú.

Las monarquías, que vieron de repente como los nobles marchaban a pelear, se vieron fuertemente reforzadas, con lo que comenzó la decadencia del feudalismo en favor de la aparición de estados más fuertes y modernos. Las ciudades empezaron a ser más influyentes que los feudos. Los castillos, con su alfoz, fueron viendo como sus habitantes se trasladaban a ellas. En aquellos años fueron apareciendo los gremios de artesanos.

Las políticas de pactos que tuvieron que realizar distintos monarcas llevaron a concebir un modo de entender la convivencia más racional, con consecuencias diplomáticas, jurídicas y económicas que contribuyeron a pacificar algunos conflictos que habían quedado latentes.

El comercio se vio potenciado en diversos frentes. Toda la orilla del Mediterráneo vio como se construían o arreglaban nuevos puertos y mejor pertrechados. El arte de la navegación, de la cartografía y de la construcción naval experimentó un incremento positivo que sirvió para sentar las bases para realizar las grandes expediciones y descubrimientos que tuvieron lugar durante el Renacimiento. Las vías terrestres se vieron potenciadas al existir gentes que podían, en un momento dado, proteger a las caravanas enviadas por los comerciantes chipriotas, venecianos y bizantinos. En Tierra Santa confluía también la Ruta de la Seda que venía desde China, de tal modo que se creó una gran vía por la que circulaba de todo, desde Extremo Oriente hasta Gibraltar, pasando por Roma, París o Santiago de Compostela.

Cartulario de Abraham Cresques, cartógrafo judío del siglo XIV, dibujado hacia 1375.

En el arte, en estos años aparece el movimiento trovador, que introduce la canción profana cortés, de contenido específicamente lírico. Serviría además como vehículo para la difusión de conocimientos en materias ocultas, como el ideario alquímico disimulado en el cortejo a la dama inalcanzable que tenía que tener todo caballero. La ilustración miniada de los códices románicos dio lugar a la aparición de una serie de libros con extraordinarias imágenes de contenido simbólico, como por ejemplo la obra de la monja Hildegart von Bingen o los trabajos de Roger Bacon y Raimundo Lulio, como ejemplos de una ingente producción precientífica.

Hasta aquí los aspectos positivos. Pero también las consecuencias negativas. La Iglesia, por ejemplo, perdió paulatinamente su poder terrenal para verse relegada al terreno de lo espiritual y lo económico. Su falta de autonomía para reunir ejércitos fue poco a poco terminando con sus iniciativas militares. Los musulmanes, en general, quedaron bastante resentidos contra los cristianos, sentimiento que aún perdura en muchos de ellos. También se destruyó documentación de gran valor, como la biblioteca de la fortaleza de Hassan as-Sabbah, y muchos libros que estaban en los palacios y las mezquitas orientales. Todo esto, además de la extrema violencia que acabó inutilmente con la vida de muchas personas que podían haberse visto enriquecidas en contacto con otra civilización.

En definitiva, una época turbulenta, no muy distinta de otras que ha conocido la historia de la humanidad, pero fascinante porque su conocimiento nos permite analizar las causas que influyen en gran parte de lo que somos hoy día. Fenómenos como la aparición de la Unión Europea estaban ya en los sueños de hombres como Carlomagno. El pensamiento de los grandes filósofos posteriores se nutre, en gran parte, de las traducciones realizadas por los musulmanes de textos griegos y coptos.

A la izquierda el mallorquín Raimundo Lulio (Ramón Llull), un iniciado cristiano.

ANEXOS

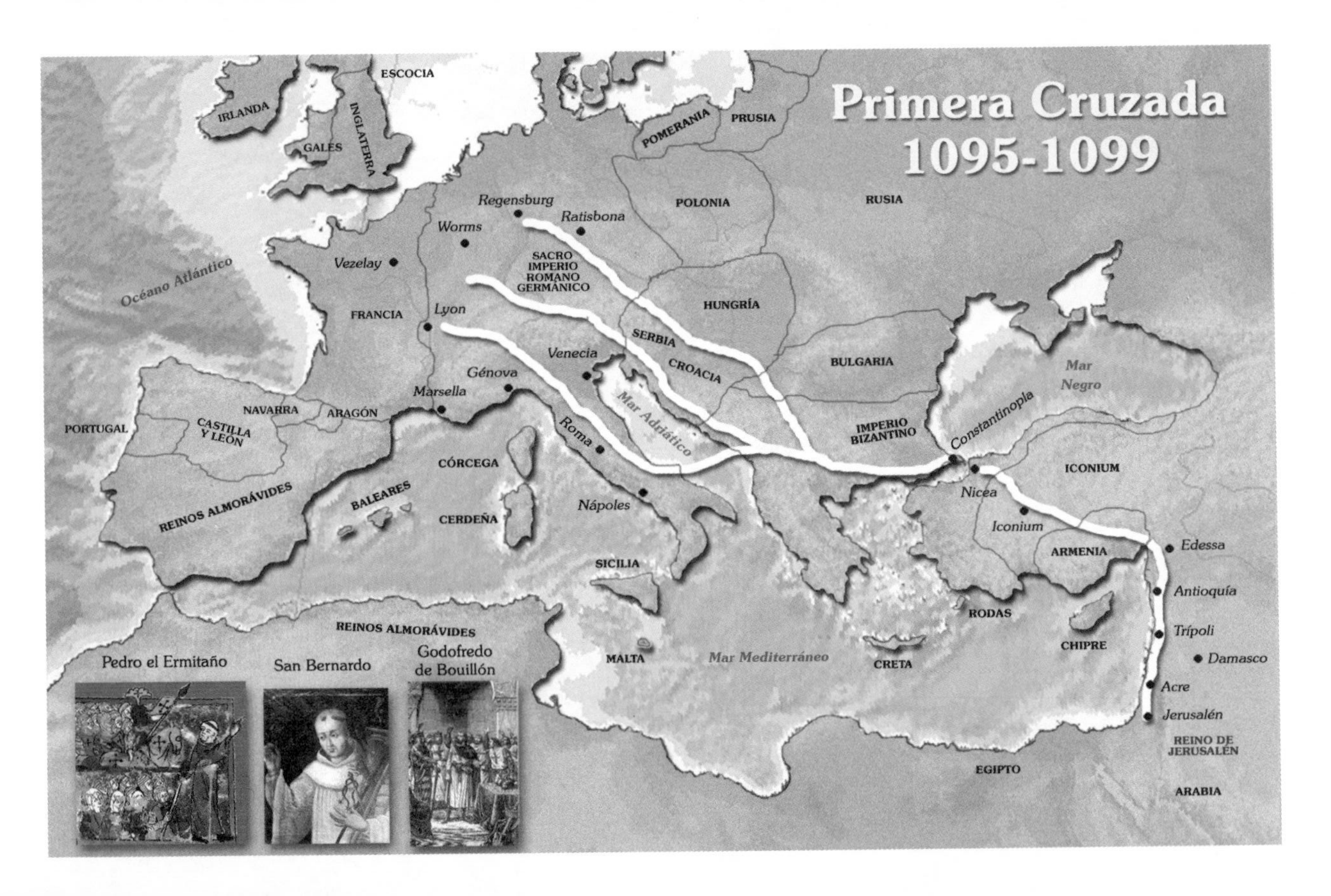
Primera Cruzada
1095-1099
ESCOCIA
IRLANDA
GALES
INGLATERRA
POMERANIA
PRUSIA
POLONIA
RUSIA
Regensburg
Ratisbona
Worms
Vezelay
Océano Atlántico
SACRO IMPERIO ROMANO GERMÁNICO
HUNGRÍA
FRANCIA
Lyon
SERBIA
CROACIA
BULGARIA
Venecia
Génova
Marsella
Mar Negro
NAVARRA
ARAGÓN
PORTUGAL
CASTILLA Y LEÓN
Mar Adriático
Roma
IMPERIO BIZANTINO
Constantinopla
CÓRCEGA
ICONIUM
Nicea
BALEARES
CERDEÑA
Nápoles
REINOS ALMORÁVIDES
Iconium
SICILIA
ARMENIA
Edessa
Antioquía
RODAS
Trípoli
REINOS ALMORÁVIDES
CHIPRE
Damasco
MALTA
Mar Mediterráneo
CRETA
Acre
Jerusalén
REINO DE JERUSALÉN
EGIPTO
ARABIA
Pedro el Ermitaño
San Bernardo
Godofredo de Bouillón

Segunda Cruzada
1147-1149
IRLANDA
ESCOCIA
GALES
INGLATERRA
POMERANIA
PRUSIA
POLONIA
RUSIA
Regensburg
Worms
Ratisbona
Vezelay
SACRO
IMPERIO
ROMANO
GERMÁNICO
Océano Atlántico
FRANCIA
Lyon
HUNGRÍA
SERBIA
CROACIA
Venecia
Génova
Marsella
BULGARIA
Mar
Negro
NAVARRA
ARAGÓN
PORTUGAL
CASTILLA
Y LEÓN
Mar Adriático
Roma
IMPERIO
BIZANTINO
Constantinopla
CÓRCEGA
ICONIUM
Nicea
Iconium
BALEARES
CERDEÑA
Nápoles
REINOS ALMORÁVIDES
SICILIA
ARMENIA
Edessa
Antioquía
Trípoli
Damasco
RODAS
CHIPRE
REINOS ALMORÁVIDES
MALTA
Mar Mediterráneo
CRETA
Acre
Jerusalén
REINO DE
JERUSALÉN
EGIPTO
ARABIA
Luis VII
Conrado III

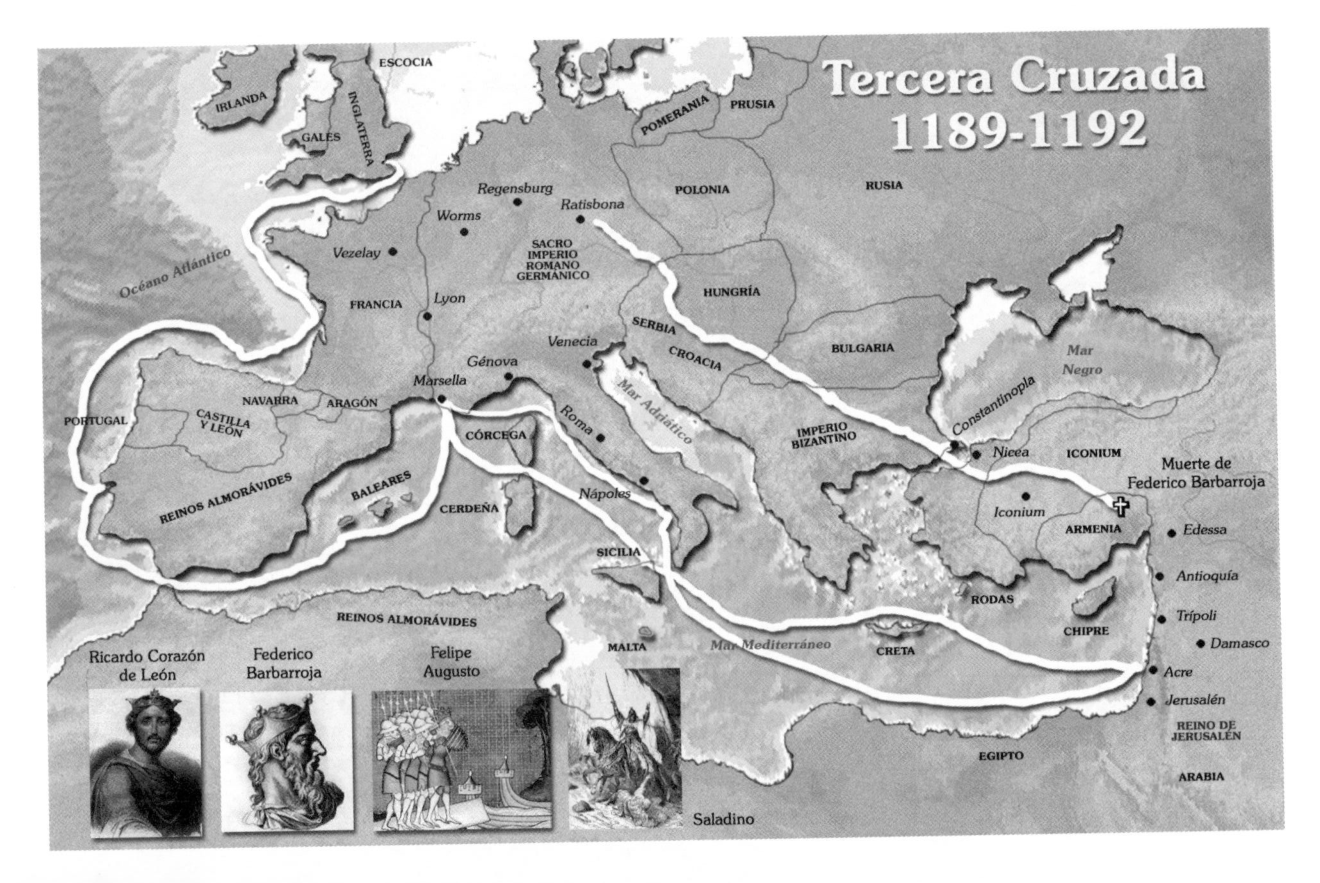

Tercera Cruzada
1189-1192
ESCOCIA
IRLANDA
GALES
INGLATERRA
POMERANIA
PRUSIA
POLONIA
RUSIA
Regensburg
Ratisbona
Worms
Vezelay
SACRO
IMPERIO
ROMANO
GERMÁNICO
HUNGRÍA
Océano Atlántico
FRANCIA
Lyon
SERBIA
CROACIA
BULGARIA
Venecia
Génova
Marsella
Mar
Negro
Constantinopla
NAVARRA
ARAGÓN
PORTUGAL
CASTILLA
Y LEÓN
Mar Adriático
Roma
IMPERIO
BIZANTINO
CÓRCEGA
Nicea
ICONIUM
Muerte de
Federico Barbarroja
REINOS ALMORÁVIDES
BALEARES
CERDEÑA
Nápoles
Iconium
ARMENIA
Edessa
SICILIA
Antioquía
RODAS
Trípoli
REINOS ALMORÁVIDES
CHIPRE
Damasco
MALTA
Mar Mediterráneo
CRETA
Acre
Jerusalén
REINO DE
JERUSALÉN
EGIPTO
ARABIA
Ricardo Corazón
de León
Federico
Barbarroja
Felipe
Augusto
Saladino

Cuarta Cruzada
1199-1204
ESCOCIA
IRLANDA
GALES
INGLATERRA
POMERANIA
PRUSIA
POLONIA
RUSIA
Regensburg
Ratisbona
Worms
Vezelay
SACRO
IMPERIO
ROMANO
GERMÁNICO
Océano Atlántico
FRANCIA
Lyon
HUNGRÍA
SERBIA
BULGARIA
Génova
Venecia
Marsella
Mar
Negro
REINO
DE
LEÓN
NAVARRA
CASTILLA
Y LEÓN
ARAGÓN
CROACIA
Constantinopla
Roma
CÓRCEGA
Mar Adriático
IMPERIO
BIZANTINO
Nicea
ICONIUM
REINO
DE
VALENCIA
Nápoles
BALEARES
REINOS ALMOHADES
CERDEÑA
Iconium
ARMENIA
SICILIA
Edessa
RODAS
Antioquía
REINOS ALMOHADES
CHIPRE
MALTA
CRETA
Trípoli
Damasco
Mar Mediterráneo
Acre
Jerusalén
REINO DE
JERUSALÉN
EGIPTO
ARABIA
Sitio de Constantinopla

San Francisco de Asís
y Al-Kamil

Federico II Hohenstaufen y Al-Kamil

Séptima Cruzada
1248-1254
ESCOCIA
IRLANDA
GALES
INGLATERRA
POMERANIA
PRUSIA
POLONIA
RUSIA
Regensburg
Ratisbona
Worms
SACRO IMPERIO ROMANO GERMÁNICO
Océano Atlántico
Vezelay
FRANCIA
Lyon
HUNGRÍA
SERBIA
CROACIA
BULGARIA
Mar Negro
Venecia
Génova
Marsella
REINO DE LEÓN
NAVARRA
CASTILLA Y LEÓN
ARAGÓN
CÓRCEGA
Roma
Mar Adriático
Constantinopla
IMPERIO TURCO
SULTANATO DE RUM
Nicea
IMPERIO BIZANTINO
Nápoles
REINO DE VALENCIA
BALEARES
REINOS ALMOHADES
CERDEÑA
Iconium
ARMENIA
Edessa
SICILIA
RODAS
Antioquía
REINOS ALMOHADES
CHIPRE
Trípoli
MALTA
CRETA
Mar Mediterráneo
Damasco
Acre
Jerusalén
Damieta
El Cairo
REINO DE JERUSALÉN
EGIPTO
ARABIA
SAINCT LOVIS
MARGVERITE DE PROVENCE
San Luis,
Rey de Francia
San Luis y
Margarita de Provenza

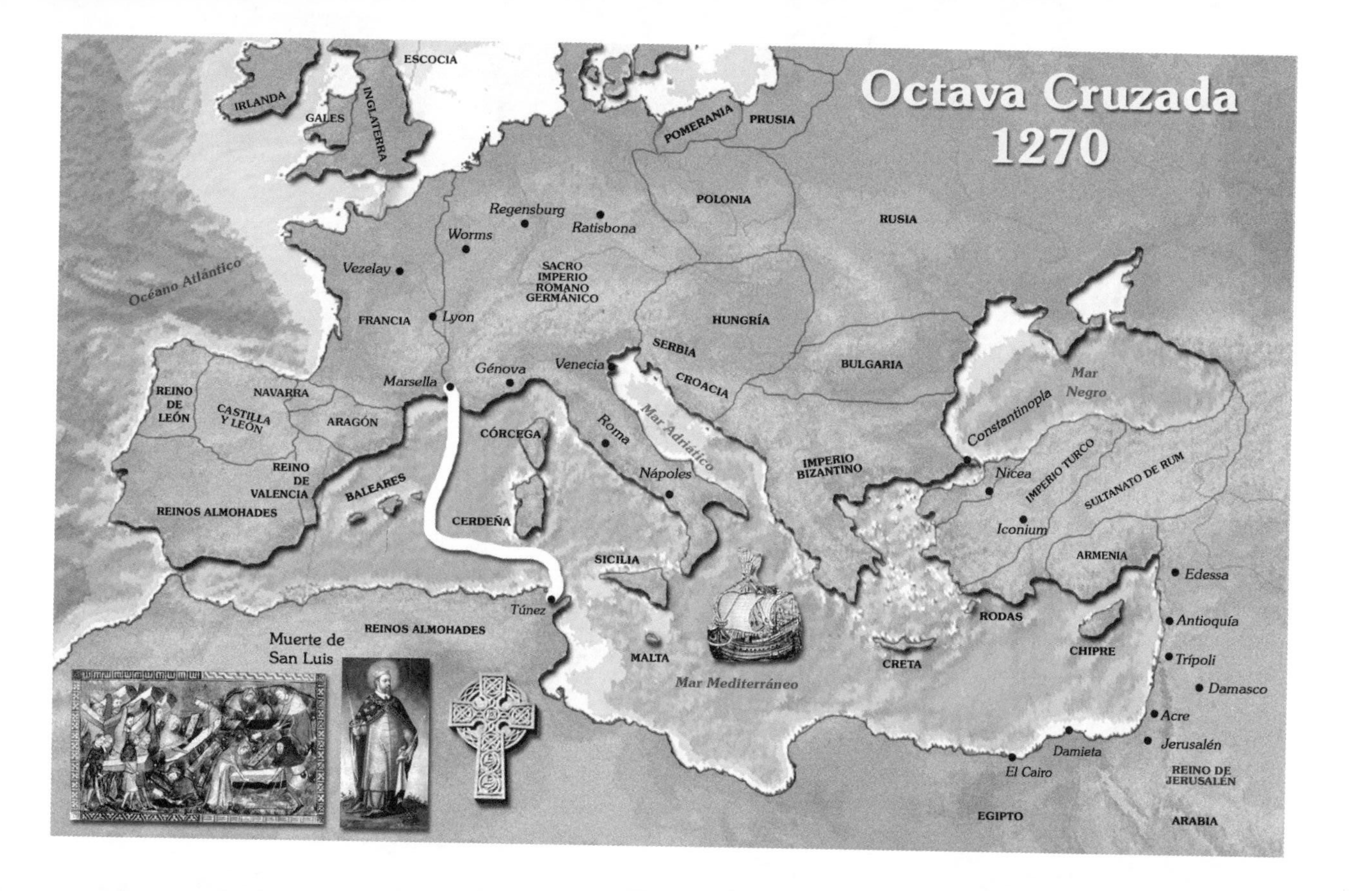
Octava Cruzada
1270
ESCOCIA
IRLANDA
GALES
INGLATERRA
POMERANIA
PRUSIA
POLONIA
RUSIA
Regensburg
Ratisbona
Worms
Vezelay
Océano Atlántico
SACRO
IMPERIO
ROMANO
GERMÁNICO
FRANCIA
Lyon
HUNGRÍA
SERBIA
CROACIA
BULGARIA
Mar
Negro
Marsella
Génova
Venecia
REINO
DE
LEÓN
NAVARRA
CASTILLA
Y LEÓN
ARAGÓN
CÓRCEGA
Roma
Mar Adriático
Constantinopla
IMPERIO
BIZANTINO
REINO
DE
VALENCIA
Nápoles
Nicea
IMPERIO TURCO
SULTANATO DE RUM
BALEARES
REINOS ALMOHADES
CERDEÑA
Iconium
SICILIA
ARMENIA
Edessa
Túnez
RODAS
Antioquía
REINOS ALMOHADES
Muerte de
San Luis
MALTA
CRETA
CHIPRE
Trípoli
Mar Mediterráneo
Damasco
Acre
Damieta
Jerusalén
El Cairo
REINO DE
JERUSALÉN
EGIPTO
ARABIA

DEL TIEMPO DE

Cruz de Jerusalén
(Godofredo de Bouillón)

Escudo de
Ricardo
Corazón de León

Escudo de los
Caballeros
Teutónicos

Cruz de las
Ocho Beatitudes
(Templarios)

Sello privado
de un caballero

Moneda del
Reino de Jerusalé

Escudo de
los Hospitalarios

Escudo
cruzado

Cruz pate
(Templarios)

LAS CRUZADAS

Marca templaria
en un edificio

Estandarte del Temple

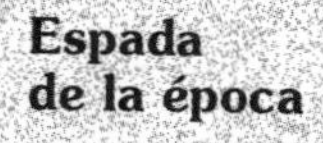

Espada
de la época

Escudo
teutónico

Cruz de la Orden
del
Santo Sepulcro

Escudo de la
Orden de Malta

Sello templario
de los dos caballeros

Sello
templario

Catapulta

Sello hospitalario

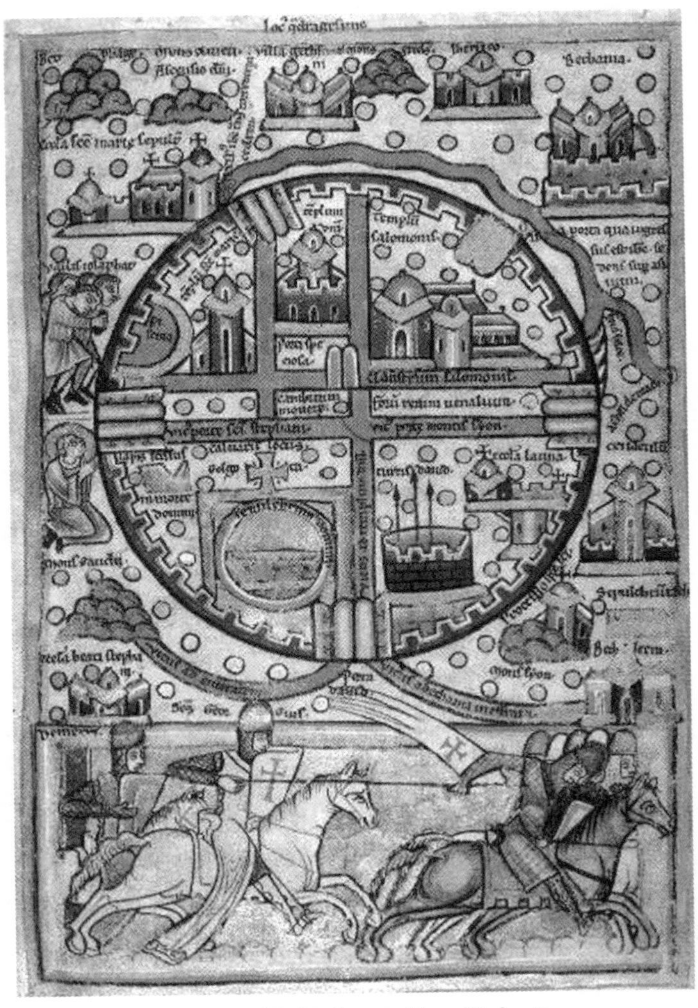

Mapa cruzado de Jerusalén y Palestina.
Siglo XII. Real Biblioteca de Bélgica, Bruselas.

Bibliografía

Alarcón Herrera, Rafael: *A la sombra de los templarios*. Martínez Roca. Barcelona, 2004.

Arroyo, Fernando; Cuesta, Juan Ignacio y otros: *Codex Templi*. Aguilar. Madrid, 2005.

Cierva, Ricardo de la: *Templarios, la historia oculta. Las cuatro dimensiones del Temple*. Fénix. Madridejos (Toledo), 2000.

Cottin, Mme.: *Matilde. Memorias sacadas de las Cruzadas*. Librería Bazola. Madrid, 1829.

Cuesta Millán, Juan Ignacio: *Piedras Sagradas*. Nowtilus, 2007.

Duby, Georges: *Guerreros y Campesinos. Desarrollo inicial de la economía europea (500-1200)*. Siglo XXI de España Editores, S.A. Madrid, 1992.

Eschenbach, Wolfgang von: *Parsifal*. Siruela. Madrid, 1999.

Fernández Bueno, Lorenzo: *Los guardianes del secreto*. Edaf. Madrid, 2002.

Fernández Bueno, Lorenzo y Fernández Urresti, Mariano: *Las Claves del Código da Vinci*. Nowtilus. Madrid, 2004.

García Atienza, Juan: *La verdadera meta de los Templarios*. Martínez Roca. Barcelona, 1988.

---. *Los caballeros teutónicos*. Martínez Roca. Barcelona, 1999.

GUIJARRO, JOSEP: *El tesoro oculto de los templarios*. Martínez Roca. Madrid, 2004.

HEERS, JACQUES: *Historia de la Edad Media*. Labor. Barcelona, 1976.

HURTADO, JOSÉ ANTONIO: *El error de Colón*. Internet. Santa Cruz de Tenerife, 2002.

KHARISHNANDA, YOGI: *Enciclopedia de las Ciencias Ocultas*. Antonio Roch, editor. Barcelona, 1945.

LAMY, MICHAEL: *La otra historia de los templarios*. Martínez Roca. Barcelona, 1999.

LEROY LARUDIE, MANUEL: *Montillou, una aldea occitana*. Taurus. Madrid, 1981.

MAALOUF, AMIN: *Las Cruzadas, vistas por los árabes*. Altaya. Barcelona, 1996.

MUSQUERA, XAVIER: *Un viaje por la historia de los templarios en España*. Nowtilus. Madrid, 2007.

REY BUENO, MAR: *Los amantes del Arte Sagrado*. Corona Borealis. Madrid, 2001.

REY BUENO, MAR Y OTROS: *Los hijos de Hermes*. Corona Borealis. Madrid, 2001.

SALES, M. G.: *Los Templarios*. Círculo Latino. Barcelona, 2002.

SIERRA, JAVIER: *Las puertas templarias*. Martínez Roca. Barcelona, 2000.

THEILARD DE CHARDÍN, PIERRE: *El fenómeno humano*. Taurus. Madrid, 1987.

UPTON WARD, J.M.: *El código templario*. Martínez Roca. Barcelona, 2000.